VS Booklet 3

公共政策における
法学と経済学の役割

内田浩史　大内伸哉

神戸大学出版会

神戸大学バリュースクール（V.School）は、学問領域の壁を越え、様々な専門分野の教員や学生が一緒に学び、議論を重ね、新しい価値を創造することに挑戦する場です。それは、教わるのではなく考え抜く場であり、情報を得るのではなく気づきを得る場であり、プランを立てるのではなくプロトタイプを生み出す場です。まさに「思索と創造のワンダーランド」と呼べる場所です。

V.Schoolの中核をなす活動の一つが「V.Schoolサロン」です。このサロンでは、多様なテーマを取り上げ、参加者が意見を交わしながら、新たな視点を育んでいきます。講師による話題提供をきっかけに、価値とは何かを多角的に考察し、対話を通じて理解を深める場となっています。V.Schoolサロンの魅力は、単に話を聞くだけの受動的な学びではなく、参加者全員が積極的に議論に加わることで、互いの知見を深め、発想を広げていける点にあります。それぞれの専門性や経験を活かしながら、他者との対話を通じて新しい価値観や視点を発見することができるため、多くの参加者にとって刺激的で充実した時間となっています。

本書は、2024年2月1日に開催されたV.Schoolサロン「公共政策における法学と経済学の役割」の内容を収録したものです。本書を通じて、当日の議論や考察が新たな価値創造のヒントとなり、多くの読者にとって意義深いものとなることを願っています。

公共政策における法学と経済学の役割

1 はじめに

内田 浩史

1 本日のサロンとその背景

本日のサロンは、「公共政策における法学と経済学の役割」というタイトルで、公共政策において法学と経済学がどのような役割を果たすのか、について議論したいと思います。

まずはイントロダクションですけれども、そもそも公共政策というものは、「社会における課題解決のために政府が行ういろいろな政策」を表しています。これを扱う学問領域はと言いますと、政策科学、総合政策学、公共政策学などがあります。しかし、これらは基本的にはもう少し基礎的な研究領域が重なった領域、いわゆる複合領域です。中でも、社会科学の考え方が活かされる部分が大きく、特に法学、経済学が重要です。もちろん社会科学の中には他にも政治学や社会学などいろいろ関連する領域がありますけれども、法学と経済学はどちらも、公共政策に対して特に重要な役割を果たしている学問領域の一つかと思います。

そのような公共政策を考える上で、法学と経済学が果たす役割について考えてみたい、というのが本日のサロンの内容です。具体的な役割、使われ方ですとか、それぞれの意味、強みや限界は何か、について考えていきたいと思います。特に、それぞれの研究者がお互いに理解しておくべきことは、ということで、法学と経済学にはやはり強みと弱みがあります。どちらかだけでよいだとか、そもそも特定の学問だけ知っていれば公共政策は考えられる、というものではありません。実際に政策を考える上では、学問分野間の協働が必要です。お互いを理解してよりよい政策を考えるためには何が必要か、を議論したい、というのが本日の目標です。

私は、経営学研究科に所属している経済学者で、経済学はどこまで世の中の役に立つものか、自分がしていることは一体何なのかをずっと考えてきている中で、本日のテーマのようなことを議論したいと思っていました。特に、法学の先生と一度お話ししてみたいと思っていたのですが、ちょうど神戸大学V.Schoolには、協力教員ということで大内先生がおられます。大内先生のお名前は、労働政策に関連して私もずっと昔から存じ上げていました。大内先生ご自身も、経済学者といろいろ協働されたり議論された経験をお持ちです。そのため、ぜひ大内先生の話を伺いたい、ということで、このサロンを企画しました。

参考ですが、関連するサロンで去年行ったものが本になっています。[1] この本では、経済学とはそもそもどのような学問か、を議論していまして、現在標準的とされている、いわゆる近代経済学や現代経済学が、どのようなもので、どのような限界があるのかを、経済学のもっと昔からの考え方と比較しながら、経済学史をご専門とする大阪大学の堂目卓生先生と一緒にお話しさせていただきました。今回のサロンは、その続編という感じです。

本日は、そこで紹介されたような強み、あるいは限界を持つ経済学というものを、公共政策に役立てるにはどうすればよいか、というお話をしたいと思います。そうしたお話を、今回は法学の立場からの同じようなお話と絡め、比較しながら進めていきたいと思っています。

2　本日の構成と注意点

本日の予定ですけれども、導入ということで私が今お話ししていますが、この後大内先生には「公共政策における法学の役割」というタイトルでお話しいただきます。そのあと、再び私が経済学の話をします。それから、私と大内先生との間で議論をし、最後にフロアを含めてディスカッションを行いたいと思っています。サロンですので、話がどんどん広がっていくでしょうし、現時点ではどこに行き着くのか分からないところがあります。時間が足りなければ今後、引き続きのサロンを開くかもしれませんが、今日のところは以上の予定としています。

なお、本日の議論に関する注意点ですが、本日は法学と経済学の役割の話をするため、これらの学問やアプローチに対する批判的な話も出てくると思います。しかし、このサロンの目的は批判ではありません。現実の公共政策に対して法学・経済学を適切に使うためには、それぞれの得意なところと不得意なところを知っていなければなりません。そのような方向で考えますので、批判だけを取り上げて、経済学や法学自体が駄目だというようなことを言いたいものではありません。

あとは、ここも大事かと思いますけれども、今お見せしているスライドには「ユーザー向け」と書きましたが、今日のお話は、経済学と法学自体に関心のある人、研究する人のためにしたいわけではありません。それを政策にどう生かすか、という、使う側の立場から考えたい、というのが本日のお話です。スライドには「ユーザー」と「開発者」と書きましたが、経済学や法学の研究者は「開発者」のようなものです。しかし、本日は実際の公共政策を念頭に、行政・政策当局の方などの「ユーザー」が「開発された」ものを現場でどのように使うべきか、という話をしたいと思っています。

特に結論を求めるものではなく、お互いに何か学びがあればよいなと思っています。では大内先生にバトンタッチしたいと思います。大内先生、よろしくお願いいたします。

1　内田浩史・堂目卓生（2023）『SDGsの時代における価値と経済的価値』（神戸大学VS Bookletシリーズ第1巻）、神戸大学出版会。

2 公共政策における法学の役割

大内 伸哉

ただ今ご紹介にあずかりました法学研究科の大内と申します。公共政策における法学の役割について、法学の一般の話をするのは少し荷が重いので、私の専門は労働法ですので、労働に関するお話を中心にしたいと思っています。また、内田先生と事前に多少打ち合わせはしましたけれども、きちんとすり合わせをしているわけではないので、今回のテーマで伝えたいことをまずお話しさせていただき、後の議論のところで質問があれば、それにお答えする形にしたいと思います。

1　公共政策としての労働政策

労働政策と労働法

まず公共政策ということですので、公共政策としての労働政策というものを少し確認したいと思います。労働政策は、先ほど内田先生のスライドにあった定義を使うと、「労働関係において生じる課題の解決のために政府が行う政策」と言えると思います。そこで言う「労働関係」は「労働市場」と言ってもよいのですが、あえて「労働市場」という言葉を使わなかったのには理由があります。実は労働法学では、いきなり根本的な話になりますが、労働市場というものに対してあまり信頼を置いていないのです。

例えばハローワークがありますが、職業紹介はずっと公的独占でした。無料の職業紹介を政府が行っているのです。つまり民間の職業紹介事業は、有料のものだけでなく、無料のものも規制されていて、原則許可制になっています。労働市場は私人の活動にまかせておくと、悪徳仲介者が跋扈するようなことが起こるので、政府が規制をしなければならないと考えられてきたのです。

そういうこともあり、労働の取引については市場メカニズムにあまり期待せず、また、労働法学者自身も市場という概念をあまり使ってきませんでした。ということで、ここはあえて労働関係という言葉を使っていますが、経済学者との議論をする際には、労働市場と置き換えてもよいと思います。

労働政策の手段としての労働法

労働法はこのような労働政策を実現するための最も有力な手段です。労働法と言った時に、多くの人がまずイメージするのは労働基準法だと思います。労働基準法は、非常に強力な規制手法を採用しています。例えば、法律に違反した事業主に対して罰則がかかることがあります。それから、労働基準監督署という強力な権限をもつ行政機関があり、法の遵守のための監督をしっかり行っています。それと同時に、私人である労働者に権利を与えて、事業主が法律に違反した場合には裁判をとおして労働者の権利を実現することも認めています。これら3点セット、つまり罰則、行政監督、司法による権利実現がすべてそろっているのは、実は労働法のなかでも珍しくて、その意味で、労働基準法は非常に強力な規制手法を採用しているといえます。

ただ、罰則や行政監督は強力すぎてかえって発動させにくい面があって、その結果、皮肉にも、労働基準法はあまり実効性がない法律であると言われてきました。そうであるとはいえ、労働基準法が労働政策の実現のための代表的な法律であることに変わりありません。

規制手法の変化と背景にある労働者像

ただこの法律が制定されたのは１９４７年で、その後、時間が経っていくと、これとは違う多様な規制手法が登場してきます。例えば１９８５年に制定された男女雇用機会均等法になると、罰則はなく、規制はだいぶん緩やかになりますし、２００７年に制定された労働契約法では行政監督も定められていません。さらに2022年には男女の賃金格差について情報公開を義務づけるといった形の規制手法も登場しました。

今日ではむしろ、ソフトロー的アプローチやインセンティブを付与するなど、それほど強力ではない規制手法で企業を誘導していく手法がよく用いられるようになっています。インセンティブといえば、代表的なのは、子育てをサポートしている企業を「くるみん認定」するような手法です。これは労働市場における取引をスムーズに進めるための介入という面があり、その意味で市場オリエンテッド（市場志向的）な手法であるといえます。

そうした変化の背景にあるのは、政策が想定する労働者像の変化です。労働法においては、労働者の保護というのが基本的な目的にありますが、そこではどのような労働者を想定しているのかが問題となります。これまでは、労働者は弱いと決め付けて、ある種マルクス的な階級的従属論のようなものがずっとあり、宿命的な弱者という捉え方を何となくしてきたのですが、実際には必ずしもそうした労働者だけではありません。

他方、企業についても、零細企業から大企業までいろいろな企業があります。上場企業と非上場企業とでも違います。そういったいろいろな企業の労働関係について、労働者が弱者であって企業が強い、あるいは企業というのは労働者を搾取する悪い存在なのだという企業性悪論の妥当性が揺らいできているのだと思います。そのようになってくると、規制手法も変わっていかなければなりませんし、そもそも労働市場というものに対する捉え方も変わるべきではないかという話になってくるのです。こういう問題意識は、まだ労働法学で多くの人が共有しているものではないのですが、私は実態の変化に応じて、法学側も認識を変えていく必要があると思っています。

要するに、従来、労働市場というのは、独占・寡占状態のようなものであるとか、あるいは情報の非対称性が非常に大きいもので市場メカニズムが働かない、つまり市場の失敗が宿命的に存在するので、政府が規制しなければならず、そのために労働法が存在していると言うことができました。しかしそうした見方は徐々に変化してきて、先ほど触れましたように、市場を生かした政策がみられるようになっていますし、労働法学においても、企業から労働者への情報提供義務を重視する議論が出てきているのも、そのような流れかと思っています。労働者を弱者と決めつければ、労働者に情報を提供してもきちんと判断できないので意味がなく、政府が労働条件を決めてしまったほうがよいということになるのですが、そうではなく労働者に情報を提供して、その判断で自己決定できるようにしようという流れは、労働法学における労働者の捉え方の大きなパラダイムシフトであるといえます。

2 法学のアプローチ：解釈論と立法論

ここまで、労働法のお話を中心にしてきましたが、そもそも本日は法学のお話ということで、法学のことをあまりご存じではない方もいらっしゃると思いますので、法学の基本的なことについて非常に簡単ではありますが説明しておきます。法学でやっている作業というのは、どのようなものかという点です。法学には、法律の解釈のあり方を論じる解釈論というものと、どのような法律を制定すべきかを論じる立法論というものがあります。

実は大学の授業において学生に教えているのは、通常は解釈論です。法科大学院においては、ほぼ解釈論だけです。そこでは、裁判における紛争解決を念頭におき、裁判官が紛争を解決していく時に適用する法律は、言葉を使うものですので解釈の余地があり、それをどのように解釈すべきかを議論するのです。こうした解釈は、実務上は最高裁の判断がでれば、それで判例として一応確定するので、そうしたものを未来の法曹の卵である法科大学院生には教えるのですが、理論的な研究では、こうした判例を時には批評しながら、あるべき法解釈を研究し、研究者志望の大学院生はそうした解釈論で新たな知見を示して学位を取るわけです。

しかし、近年では実は、どのような法律を制定すべきなのか、裁判官が適用する法律はそもそもどのような法律であるべきなのかという立法論が重要になってきています。これは、社会がどんどん動くなかで、新しい法律を作らなければ社会のいろいろな課題に応えられないという事情が関係しています。なかでも労働法は特に変化が大きい分野の一つで、大きな改革が必要と考えられています。つまり、立法論がだんだん重要性を高めてきています。

立法論になってきますと、法学の伝統的な解釈論の枠を超えて、関連諸分野との協働が必要になってきます。ただ、法学では先ほども述べたように法解釈を行うことが中心であったため、立法論となると、伝統的に蓄積されてきた法学のいろいろなノウハウやスキルが使えないところがあります。そのため、むしろ経済学や他の分野の知見を活用させていただく必要があります。あるいは、むしろメインは他分野の知見のほうで、法学はいわばその知見を実現するための技術的な面で、つまりどのように法律の条文を書けばよいかなどの点で貢献することになるわけです。

3　労働法で実現すべき価値

従属労働者の保護

労働法に固有の話に戻ります。労働法で実現すべき価値というのはどのようなものでしょうか。労働法の目的は、歴史的に見ると従属労働者の保護です。これは、もう少し言うと、第1次産業革命以降の急速な工業化から生じたいろいろな社会課題の解決のために労働法は誕生しました。先ほどふれたマルクス主義もそのようなところで現れた思想です。基本的には、技術革新に対応して出てきたものです。

このように労働法の誕生をとらえることは、現在は第4次産業革命といわれるような、大きな技術環境の変化があるので、第1次産業革命に対応した労働法が使命を終えて、新しい第4次産業革命に応じた労働法が誕生しなければならないという意味も含まれています。

保護とは何か：2つの価値観

ただ、技術環境が変わっても、労働法の元々の目的は従属労働者の保護ということに変わりはないともいえます。そこで立ち止まって考えたいのが、そこでいう保護とは何かということです。

ここでは、一番分かりやすい例として解雇の話をしたいと思います。解雇規制の目的というのが一体何なのか、あるいはそもそも解雇に対してどのような法政策を取るべきかについて、2つの考え方を挙げたいと思います。

1つ目は、民法の規定がそうですが、期間の定めのない雇用契約は、当事者はいつでも解約できなければならないという考え方です。契約関係とは、当事者の意思が合致して初めて継続することが正当化され、どちらか一方でも、もうこの契約を続けたくないと思えば解消しなければならないという考え方です。これは意に反する契約を許さないという「自由」を重視する考え方です。

2つ目は、経済的弱者が実際にいることに配慮する考え方です。雇用契約は、一方の当事者は経済的な強者である企業であることが多く、もう一方の労働者は経済的弱者です。こうした状況においては、企業から解約すなわち解雇をすると、その影響は弱者側にとっては非常に大きなものとなります。ですので、そこはやはり弱者からの解約である辞職は認められるけれども、強者からの解約である解雇は制限すべきということになります。これが労働者保護です。このような「保護」という観点が2つ目です。

「自由」と「保護」に対する異なる立場

第1の「自由」を重視する立場は、契約当事者が対等であると考えているのに対して、第2の「保護」を重視する立場は、契約当事者は非対等であると考えるものです。「自由」と「保護」のどちらを優先するのかは、それほど簡単に決着がつく問題ではありません。そこで現在は、両者の中間的なものが広がっているように思います。

例えば、「自由」の尊重が原則ですが、差別目的などの不当な解雇は制限されるべきであるというのは、この第3の中間的な立場です。アメリカはこのパターンです。日本では民法上はもともと第1の立場で、解雇も辞職も自由に行うことができました。しかし、権利の濫用は許さないという民法の規定を用いて、裁判所が企業からの解雇について正当な理由がなければ権利濫用となるという法理を構築して介入してきました。これが解雇権濫用法理と呼ばれるもので、2003年に立法化されて、現在では2007年に制定された労働契約法に規定があります。ということで、現在の日本は、解雇権濫用法理により、民法の「自由」を重視する考え方は条文には残っていますが、「保護」を重視する解雇権濫用法理も労働契約法で定められており、トータルでは中間的な立場にあるといえます。

ただアメリカと日本では同じ中間的な立場とはいえかなり違っており、詳細にはふみこみませんが、アメリカはかなり「自由」のほうに偏っています。日本では能力不足の解雇は難しいですが、アメリカはそれは容易であるということです。いずれにせよ、ここで確認したかったことは、「自由」と「保護」のどちらを優先させるべきか、それほど簡単な話ではないということです。

4　解雇権濫用法理の難しさ

労働契約法第16条とその解釈

ここでもう少し解雇権濫用法理のことをみておきたいのですが、労働契約法の第16条では、「解雇は、客観的に合理的な理由を欠き、社会通念上相当であると認められない場合は、その権利を濫用したものとして、無効とする」と定められています。これが現在の法律上の解雇ルールの基本です。

ここでは、客観的に合理的な理由だとか、社会通念上相当というような文言が使われています。これは抽象性の高い文言なので、解釈によってその具体的な内容を明らかにする必要があり、それが法学の固有の仕事である解釈論です。どのような法律の用語も解釈の余地があるのですが、とりわけこの文言は規範的概念といって、裁判官に広範な裁量を付与しているところがあり、その結果、実際の裁判では裁判官の価値観に委ねられる部分が大きくなります。そのため裁判官も人間ですので、原告である労働者と、被告である企業という対決構造のなかでは、どうしても労働者に有利な判断となりがちなのです。特に能力不足による解雇や経営上の理由による解雇は、なかなか有効とはなりません。

前述のように、ここがアメリカとの違いです。日本では、能力不足であるならばきちんと教育して活用するとか、経営上の理由であるならば労働者の責任ではないなどという理由で、企業に重い解雇回避努力義務を課す傾向にあり、その義務が十分に履行されていないと判断されて、なかなか解雇が有効にならないのです。ここではまさに裁判における、当事者間での個別（ミクロ）的な正義の実現が図られているといえますが、実は、経済学の人たちと議論すると、このあたりのことが批判の対象となります。

法学と経済学：ミクロの観点とマクロの観点

一つの代表的な批判としては、そもそもこのような曖昧な規範は予測可能性がないもので、そんな内容では、裁判をしてみなければ結果が分かりません。これでは、どのように企業が行動すべきなのかという行為準則が明確ではなく、適法に行動したくてもできないという問題があります。実際、裁判では企業に不利な判断がなされることが多かったわけですけれども、そのように、基準は明確ではないし、裁判をしたら負けやすいとなれば、企業は正社員の採用をできるだけ絞り込んで、より雇用調整がしやすい有期雇用を活用しようとするでしょう。

正社員の採用が絞られると、いったん失業すると、正社員としての再雇用機会が得られにくくなり、失業が長期化します。これはマクロ的に見ると、非常に大きな社会的な問題といえるわけです。経済学者はこのようなところを重視して、まさに政策的な観点からは、個別の裁判における正義の実現というものがあまり行き過ぎると、大きなものを見失うのではないか、つまり企業側の自由を制限すると、副作用が出てくるのではないかと考えるのです。

このような視点は、なかなか法学の中では出てこないところがあり、解釈論だけをやっている人間からすると、マクロ的な視点の議論は、むしろすべきではないということになるのです。しかし、私は必ずしもそうではなく、やはりマクロ的な視点も視野にいれた法解釈は必要だと思っています。今日、私に与えられた課題は、経済学の問題点を指摘するということであったはずですが、どうも経済学のほうがよいという話になってしまいました。

解雇規制については、もう一つ、試用期間中の解雇は自由にしたほうがよいという考え方もあります。これもおそらく経済学者からは支持されそうですが、労働法学者からも、また世間からも受け入れがたいものでしょう。少し前の話になりますが、２００６年ごろ、若年者失業が深刻であったフランスで、若者に限定して、採用してから2年の間は解雇規制を外す政策を打ち出したところ、暴動が起きて撤回されたことがありました。要するに、解雇を自由にすることはとんでもないことだと言うのです。

雇用関係においては、どうしてもミスマッチは避けられないので、採用当初の試用期間中は、その解消手段を企業側に自由に認めておいたほうが、企業も冒険して少しでも良さそうな人であれば採ろう、駄目だったら解雇したらよいという形で積極的な採用行動がとれます。とくに職業経験が少なくてアピールポイントが少ない若者や、経済的な理由で進学できなかった低学歴の人などにとっては、能力をみせるチャンスが増えるのは有り難いのです。実は、先ほど言った情報の非対称性は企業側が情報を持っているということですが、労働という商品の情報の非対称性という点では、企業のほうに情報が不足しています。労働者がどれぐらいの意欲や能力があるかは、実際に働かせてみなければ分からないという情報の非対称性があるわけです。それを解消するためには、採用当初の期間は試用期間として、労働者の能力や適格性の観察をし、その結果として不適格となれば解雇ができるという形にしておいたほうが、企業は安心して積極的な採用ができるのです。

一方、労働法学ではこの考え方がまず理解してもらえません。解雇規制の緩和はダメだ、若者だけが使い捨てにされるのはおかしいというような批判を受けるわけです。しかし、雇用政策という点からは、解雇規制を緩和した結果、企業がどのように行動をするかをみるべきであり、それは必ずしも解雇が増えるということにはならず、むしろ雇用がトータルで増える可能性があるかもしれないという視点で議論をすべきなのです。これはおそらく経済学的な発想なのですが、「法学者のおまえがそんなことを言うのはいかがなものか」と言われてしまうのです。

5　解雇規制は誰の利益を守っているのか

もう少し解雇規制のことを続けて言いますと、解雇規制の難しさは、結局、解雇規制が誰の利益を守っているのかがなかなか分かりにくい、あるいは多様であるというところにあります。

まずは解雇を規制すると、解雇されそうな労働者の利益を守るという面はあるかもしれません。しかしそれによって、場合によっては失業が長期化するという面では、現在の失業者、あるいは現在の労働者も解雇されると失業者になるわけで、失業した後に再就職する際の障害になるので、その意味では労働者の利益を損なっているという面があります。

また全く違った観点ですが、解雇規制は、企業の利潤を株主への配当ではなく、労働者の賃金に回すようなことがあるとすると、株主の利益を損なっているという面もあります。アメリカでは、株主の利益を重視します。経営者が大規模なリストラをしたことが、株主の利益を守る行動として評価されることがあるわけです。日本は逆です。日本でも経営者は株主の利益を守らなければならないのですが、株主は短期的な利益を求めていないことがかつては多かったですし、またリストラをすることがほんとうに企業価値を高めて株主の利益につながるのかに疑問をもつ株主が多かったということもあります。

もっと広く見ていくと、もし解雇規制が緩くなって失業者が増え、貧困者が増えて治安が悪化して犯罪が起こりやすくなると、住民への影響も出てきます。また、税収の5分の1を占める所得税が減ると、公共政策の財源が減ります。あるいは、雇用保険の財政が悪化するなど、いろいろなところに影響が出てきますので、解雇規制の強弱はさまざまな社会的影響を生み出します。

これは、法律は、多様な主体の利害をどのように調整していけばよいのだろうかという問題なのですが、これをどう解決してよいかは、はっきり言ってよく分からず、法学からは何か一義的な答えは出てきません。そもそも法改正や立法をこれからしていこうという時に、あるいは解雇規制にしても新しい何か規制を考えていこうという時に、一体どのような立法をすべきかということについて、何か明確な基準があるのかという問題もあります。立法論において実現すべき正義、法学なので正義という言葉を使わせてもらいますが、正義とは何なのかということです。

6　正義の相対性

正義とは何か

民主主義国家においては、国民の過半数の支持があることが正義であり、具体的には国会で決められることが少なくとも暫定的な正義だとなりそうです。しかし、少数派の利益を保護することこそ正義なのだという見方もあります。いずれにしても、多様な利害関係者の調整は難しく、過半数の支持があればよいとは言い切れないところがあります。大事なことは、当たり前のことですけれども、決定をする前に真剣に討議することです。議論をすること自体が重要で、そこから様々な論点が明確になってきますし、その上で、暫定的な正義を決めて、とりあえずそれに従うということが重要なのです。

しかも、その暫定的な正義とは、常に批判の対象にされなければならないということを国民が意識することも大切です。これは、究極的な正義が何かを決めているのではなく、物事を進めるために、とりあえずの正義を確定し、しかもそれは暫定的なものであることを自覚して、常に見直すために議論していくことが重要なのです。

議論のプロセスの問題

その際に、この議論のプロセスに専門家がどのように関与するのかというのが実は難問です。専門技術性の高い問題を国民が判断する、あるいは素人の国会議員が行っても本当によいのだろうかというところがあります。これは暫定的な正義の確定手続としての民主主義それ自体も、実は討議の対象になるということです。

民主主義の手続というのは時間もかかり非効率な面があり、一人の賢明な独裁者に正義を決めてもらったほうがよいという考え方もあり得ます。ただ、これは大変危険な考え方で、「民主主義は最悪であるけれども、その他の政治形態よりは良い」と言ったチャーチルの言葉も、歴史の教訓として忘れてはならないでしょう。

現実の労働立法は、厚生労働省に労働政策審議会があり、その分科会で、法律案の内容等を決めて、審議会から大臣への建議や答申がなされ、それを受けて役人が具体的な法案を作成し、国会で可決するというプロセスをとります。労働政策審議会には専門家が入っていますし、労働者代表と使用者代表も加わるという点で民主的な手続に乗せて法律を作ります。

ただ、労働政策審議会の議論では時間がかかり過ぎて非効率ということで、一時、安倍政権の頃は官邸が主導して立法の構想を進め、労働政策審議会はそれに縛られた活動しかできませんでした。このような官邸主導でやると、いろんな立法を迅速にすることができますが、これでよいのかどうかという問題があります。時間をかけて行うことが非効率だから、早く決められるほうがよい、という考え方に、ある程度強い権力、当時の安倍政権時代のような強い力が働いて、そのような立法手続の迅速化を行う、ということが、よいことなのかどうかはまだよく分からないところがあります。

7　労働政策が実現すべきもの：労働の価値と政府の役割

労働の価値とは

最後ですけれども、労働政策が実現すべきものは一体何だろうということで、私見を述べさせていただきます。ここはV.Schoolですので、価値ということで、私自身が最近考えていることを最後にお話ししたいと思います。

労働の価値とは一体何かというのは、私にとっても重要なテーマです。労働は何のためにするのかについていろいろな議論があるのは知っていますが、まず最初に確認したいのは、人間とはそもそも何かということです。それは社会的動物であって、私たち一人ひとりが社会において果たすべきことをきちんとやり、次の世代に私たちの社会を引き継ぐことが私たち人間が目指すべき価値だと思っています。

そのような中での労働の本質あるいは価値とは、個人が社会において生じる諸課題の解決に、自分の能力を活用して貢献することにあると思っています。その際、個人ではやれないこともあり、それは法人を使って実現することになります。それを行っているのが企業だと、このように私は整理できると思っています。

企業の社会的責任とは

よく企業の社会的責任（CSR）ということが言われます。それは、本来の営利事業にプラスされる二次的なものという捉え方もありますが、そうではないと思っています。そもそも企業は、個人が社会の諸課題の解決に貢献することを集団で行っているだけなのです。そのような意味では、社会貢献、社会的責任とは、それこそが企業の本来のパーパスではないかと思うのです。

法人とは、自然人で構成されるわれわれの社会の中で、特にそれが有用と認められるから存在できる人工的なものに過ぎないということも忘れてはなりません。現代社会では企業の存在感が大きすぎて、企業が社会のコアにあるという発想になりがちですが、それは根本的に間違っているのではないかと私は思っています。

公共政策としての労働政策とは、個人が自主的に、または自身を雇った企業を通して、社会的な貢献ができるようにすることを支えるためのものだと思っています。そして、先ほど言ったように労働の再定義をすると、そうした労働を担うべき人材のために必要な教育も変わってくるのではないかと思います。その意味で、教育政策もとても重要となります。

3

公共政策における経済学の役割

内田 浩史

大内先生、ありがとうございました。それでは次に私からお話をして、そのあと議論に移りたいと思います。

私からは、公共政策と経済学という形でお話をしたいと思っています。第一に、経済学というのは公共政策に対して何をどのような感じで物申すのか、というご紹介を、私が関わったことのある問題を例にしてお話ししようと思っています。法学の先生も関わったプロジェクトでしたので、そこで私が感じたことも含めてお話ししようと思います。

それも踏まえながら、公共政策で経済学というのはどのような役割があるのか、どう使うべきかという話が第二のお話になります。そして、結局は法学や経済学だけでは駄目だ、ということになると思いますので、この点に関しても思っていることをお話ししようと思います。

1　経済学による公共政策に関する判断：銀商分離のワンウェイ規制を例として

「銀」と「商」

例として、経済学、そして私の専門分野の金融、中でも私が研究分野の中心としている業務分野規制を挙げます。これは、金融機関が行えるいろいろな仕事（業務）を決める、という規制で、その中でも具体的に、「銀商分離規制におけるワンウェイ規制の問題」と呼ばれる問題に注目します。お話しする内容ですが、金融庁のディスカッションペーパーとして公表されている内容に基づいていますので、ご興味がありましたらご覧ください。[2] かなり個別具体的な例になりますがお話させていただきます。

最初に、銀商分離規制におけるワンウェイ規制の問題、とはどのような問題なのかについて、図表1をご覧ください。右側と左側の違いを少しお考えいただきたいと思います。どれも銀行ですね。ど

2　内田浩史（2020）「金融制度設計に対する機能アプローチと銀商分離規制の検討」金融庁金融研究センターディスカッションペーパーシリーズ、DP2020-4。

う違うかというと、右側は昔からある伝統的な銀行です。ここでは代表としていわゆるメガバンクと呼ばれる銀行だけを取ってきています。それに対して左側は、近年新しくできてきた銀行です。ただ、ここに挙げたのは新しいだけではなく、小売・流通系など、金融業以外の業種の企業がつくった銀行、ということになります。これから「商業」（英語ではcommerce）という言葉を使いますが、ここでいう商業というのは、このような企業を含む、「銀行業や金融業ではない業種」を意味します。こうした企業と銀行をそれぞれ商と銀と表現し、両者の垣根に関する規制を銀商分離規制と言います。

新しい形態の銀行 （商業［非金融業］が所有する銀行）	伝統的な銀行
セブン銀行	三菱東京UFJ銀行
楽天銀行	みずほ銀行
イオン銀行	三井住友銀行
ソニー銀行	
じぶん銀行	…
ローソン銀行	
PayPay銀行	

図表1　2つのタイプの銀行

ワンウェイ規制とは

ここで何が問題になるかと言いますと、右側の伝統的な銀行は、非金融業を行うことは駄目である、と規制によって決められています。これに対して、左側のような銀行ができたことからも分かりますように、商業側の企業が銀行に入ってくるのは比較的容易です。これが不公平ではないか、というのがワンウェイ規制です（図表2）。ワンウェイというのは、銀行側からは規制されているのに商業側からは規制されてい

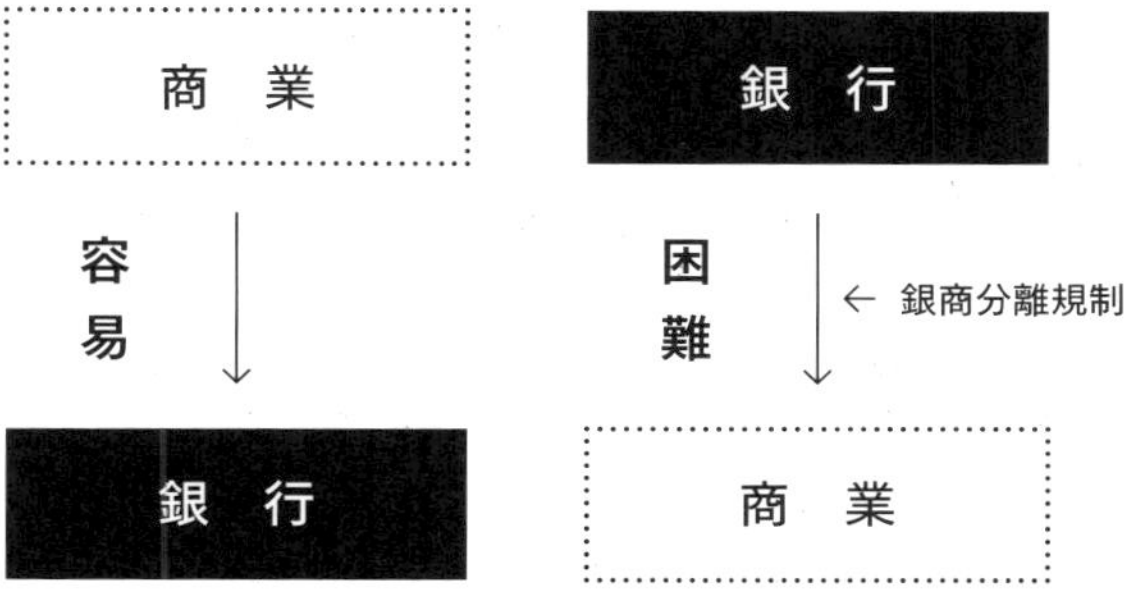

図表２　ワンウェイ規制

ない、あるいは左側と右側で、同じ銀行の立場から見ると、左側のほうができることが多いのに右側は少ない、ということです。イコール・フッティングではない、などと表現されることもあります。

具体的な問題としては3種類あります。1つ目は、銀行を持っている（所有している：株主になっている）会社に対する規制の程度が違う、という問題、2つ目は、銀行を持っている会社が銀行以外のことができるかどうか、という問題、3つ目は、銀行を持っている会社が商業の会社を子会社として持てるかどうか、という問題です。

経済学の考え方

この問題を、経済学ではどのように考えるのでしょうか。以前、金融庁のプロジェクトとして経済学者の立場からこの問題について考えてほしいという依頼があり、検討してとりまとめました。[3] その中で、本日のテーマである公共政策と、経済学がどのように物事を考えるのかが出てきます。

現在、標準的な経済学は、このように問題を捉えます。[4] まず、何か経済活動を行うには「資源」(ヒト・モノ・カネ)が必要です。それを使って経済活動を行い、新しくモノをつくったり、サービスを生み出したりします。同じモノをつくるのであれば、ヒトは少ない人数でできるほうがよいですし、材料としてのモノも少ないほうがよいですし、カネもかからないほうがよいでしょう。つまり、無駄がないほうがよいわけで、これを経済学では「資源配分の効率性」と呼びます。どのようにしたら無駄のない資源配分ができるか、その無駄はどれくらいなのか、それを解決する方法は何か、を考えるのが今の経済学です。

もう少し具体的に言うと、無駄のなさとは、「なるべく少ない資源でできるだけ大きなパイをつくりましょう」という話です。そのパイは「効用」という概念、人々が経済活動をして感じるうれしさで表します。また、企業の場合には「利潤」、もうけです。少ない資源でたくさんもうけるということです。さらに、経済全体でいうとモノの値段、「価格」であり、できるだけ少ない資源で価値のある、価格が高いサービスやモノを作る、ということです。

この「無駄のなさ」から派生して、「効率性」という言葉は少し狭い意味で用いられることもあります。同じモノをつくるのであれば、なるべく無駄をなくしましょう、なるべく安くあげましょう、ということです。これは最近の大学などでもそうかもしれませんけれども、とにかくコストを削れ、という少し極端な意味で、効率性という言葉が使われることもあります。

厚生経済学の第一基本定理

次に、公共政策というものを経済学ではどのように考えるのかということですが、経済学で経済状態の良し悪しを考える場合、まず「最も良い」理想的な状態から出発します。どこかでお聞きになったことがあるかもしれませんが、アダム・スミスの「神の見えざる手」と呼ばれる状態です。

この状態は、「厚生経済学の第一基本定理」という、数学で厳密に証明されている定理として表

厚生経済学の第一基本定理

「完全競争と呼ばれる理想的な状態を考える限り、
個別経済主体の経済活動は、
市場（**完全競争市場**）で**価格**により適切に**調整**され
放っておいても望ましい（**最適**）**資源配分**が達成される」

完全競争市場

・財やサービスの需要者と供給者が極めて多く
・市場参加者が価格影響力を持たない
・各市場参加者は財・サービスに関して完全な情報を持つ
・市場参入は自由である

図表３　厚生経済学の第一基本定理と完全競争市場

3　前掲の内田（2020）。
4　以下については前掲の堂目・内田（2023）も参照。

されます（図表3）。この定理を簡単に説明すると、「完全競争市場」と呼ばれる理想的な状況では、価格によってモノの売り買いが調整される結果として、資源配分は自然と望ましくなる、ということを示したもので、これが数学によって示されています。

ここでポイントになるのが、完全競争市場という状況です。これは、モノやサービスの需要と供給が十分に大きく、個々の需要者（買い手）や供給者（売り手）は大量に購入したり自分だけでモノを売ったりしていないので、取引を行っても値段には影響を与えられない、情報は完全であって誰も自分だけが得するような情報を持っていない、市場参入は自由だ、といった条件が満たされている状況です。このような状況であれば、取引が自由に行われる結果として実現する状態は、使う資源に無駄のない、最適な資源配分の状態になる、というのが厚生経済学の第一基本定理です。経済学の基礎であるミクロ経済学で出てくる内容で、これが公共政策を考える場合にも出発点となります。

市場の失敗

ただし、経済学はこの定理で終わってしまうような単純なものではありません。実際の世の中には「市場の失敗」というものがあると考えます。市場の失敗とは、先ほどの完全競争市場が成り立っていない、ということです。その成り立っていない理由として、外部性、公共財、情報の非対称性といったものが挙げられます。詳しくはミクロ経済学の教科書を読んでいただきたいのですが、完全競争市場の条件が満たされないような市場では、市場メカニズムに任せておくと資源配分は非効率になる、資源の無駄遣いが起こる、ということです。

そして、その無駄を減らすために政府がある、というのが、経済学における政府の存在意義の説明になります。その無駄をなるべく減らすための、民間の経済活動に対する公的な介入を行うために、政府が存在しているのだ、と説明するわけです。この公的な介入というのは、具体的に言うと、規制したり、税金を取ったり、補助金を与えたり、公共サービスを提供したりすることで、これがまさに「公共政策」ということになります。なお、ミクロ経済学では話がさらに進んで、その政府の介入にも無駄がある、という話になるのですが、本日はそこまでは話しません。以上のように、経済学における公共政策は、市場の失敗という世の中の経済活動の無駄を減らすために行うものです。

金融・銀行に関する公的介入

金融に関するところでいくと、金融への公的介入の方法としては、①法律を定めることによって金融に関する環境を整備する「法制度の整備」、②してよいことやしてはいけないことを決め、悪いことをしていたら罰則を与えて取り締まる、という「金融規制」、そして、③政府系の金融機関が自ら金融活動を行う、という「政府関係機関による介入」があります。

ここで、金融の中でもだんだん銀行の話に絞っていきますが、同じようなことは、銀行に関しても当てはまります。銀行は、様々な業種の中でも特に厳しい規制を受けている業種です。その反面、銀行がつぶれそうになると国が助ける、というように、少し特殊で、特別扱いされているともいえるような業種でもあります。しかし、どちらも結局は公的介入であって、特に公的介入が多い業種の一つが銀行なのです。

なぜ多いのかと言うと、その理由として経済学で考えるのは、先ほどの市場の失敗です。中でも主な根拠は2つあります。[5] 1つは外部性です。簡単に言うと、銀行が破綻すると経済全体が大変なことになる、ということです。銀行が破綻すると、銀行に関係する人が損するだけではなく、関係ない人まで困ってしまいます。特に、銀行は預金者をたくさん抱えていますし、銀行からおカネを借りている人も、借りられなくなると困ります。しかも、こうした直接の取引相手だけではなく、銀行の破綻が別の銀行の破綻を呼ぶなど、金融システムの崩壊につながって、影響を受ける人がますます増えたりするので、そのようなことを防ぐために規制やさまざまな政策をしましょう、ということです。この政策が「プルーデンス政策」と呼ばれるもので、金融システムを安定化させるための政策です。

2つ目の根拠としては、「競争」があります。この根拠は、別に銀行に限ったものではありません。日本では公正取引委員会が行っている介入で、特定の企業が独占的な利益を享受できるような競争環境を取り締まること、それと、あとは過当競争を防ぐ、というものです。過当競争を経済学で説明するのは実は簡単ではないですが、それはさておき、競争上問題があり、資源配分がおかしくなる時には、その競争を制限したり、逆に促進したりという競争政策が取られます。銀行に関しても、競争政策は重要なものです。

銀商分離規制とその根拠

ここで、本日の例として挙げる、銀商分離の話になります。銀商分離規制は、銀行が商業を行うことを規制します。金融業以外の、してはいけない業種と銀行業を分離する、ということで、その方法

	経済学から見ると
① **利益相反行為の防止** 利益享受者と損失負担者の不公平防止	??? （分配の問題）
② **銀行の健全性確保** 銀行破綻を防ぐ	**プルーデンス政策** 金融システムの安定 （効率性・安定性） を目的とする政策
③ **不完全競争の弊害の防止** 過当競争の防止	**競争政策** 効率的な競争を 目的とする政策

図表４　銀商分離の根拠

は、先ほどお話しした規制、具体的には参入規制や業務分野規制と呼ばれるものです。銀行業は免許制になっていて、参入してよい企業は限られています。会社名に銀行という名前を付けてよいかどうかさえ決められています。また、できる仕事も決められています。銀行という会社を所有してよい人（株主）は誰か、あるいは所有している人は何をしなければならないか、も決められています。その他にもありますが、この規制は元々は昭和の初めからあるような古くからある規制です。

なぜこのようなことをするかといえば、これは厳密に考えると実は必ずしも経済学的な理由ではないのですが、一般にいわれるのは「利益相反行為の防止」という理由です（図表４の①）。ここで言う利益相反行為は、具体的な例で考えると分かりやすいと思います。商業の会社が銀行を所有していたとしま

5　こうした点については、内田浩史（2024）『金融（新版）』有斐閣などを参照してください。

しょう。銀行はお金を貸せますので、この会社は自社の業績が苦しくなった時に、貸してほしいと銀行に言って、返す見込みのないお金を銀行から借りるかもしれません。すると、商業のほうは存続しますが、銀行は破綻してしまうといったケースが起きるかもしれません。これは、銀行を損させて商業のほうが利益を得るという問題です。このようなケースが実際に発生し、銀行がたくさん破綻したのが、昭和の初めに発生した昭和金融恐慌の原因だったといわれています。商業の会社に所有されている銀行のことを「機関銀行」といったりしますが、機関銀行を防ぐために、銀商分離規制が行われている、というのが日本では一般的な説明です。

これに対して、経済学に基づく理屈は、と言いますと、細かいところは省略しますが、まずこの規制は先に説明したプルーデンス政策だと言えます。これは、商のビジネスで損をして銀行がつぶれると、多くの人が困る、だから銀商分離をしている、という理屈です（図表4の②）。第二に、競争に関して、競争政策としてこの規制を行っている、という側面もあります。競争政策としての銀商分離は、銀行業と商業を分離することで過当競争を減らそう、というものです（図表4の③）。

経済学に基づく②と③の理屈に対し、一般的に言われる①利益相反行為の防止は、実は経済学的には規制の理由として（少なくとも直接的には）問題とされません。その理由は、上の例では商業側が得をして銀行側が損をしていますが、銀行が破綻しない限り、結局は誰が得して誰が損するかというだけの話だからです。この損得は、経済活動の結果をどのように分けるのかという分配の話、つまりパイの分け方の問題です。しかし、分け方はどうあれ、パイの大きさが変わらない限り、効率性、つまり無駄のなさは変わらないので、効率性の観点からは、問題とはなりません。つまり、経済学ではパイの分け方、分配の問題はあまり重視されないのです。

法学者からみた銀商分離の根拠

ちなみに、銀商分離はもちろん法律で定める話ですので、法学の扱う対象にもなっています。ここで、法学者が書かれた銀商分離の4つの理由を挙げてみましょう。[6] 1つ目は経済力の集中への懸念、2つ目は不正競争の問題、3つ目は利益相反および商業部門の危険の漏出を通じた健全性の問題、そして4つ目は規制の便宜の問題です。

これらを経済学者の目から見ますと、この辺りは大内先生がおっしゃった、曖昧な言葉と言うか、概念的にはっきりしないところが実はあります。例えば1つ目は、経済力とは何か、集中とはどのようなことか、何が懸念なのかがよく分かりません。2つ目の不正競争ですが、何が不正かよく分かりません。先ほどの経済学の理屈と合うのは3つ目の理由になります。4つ目の理由もよく分かりません。これらの言葉は、世間の一般常識のような言葉として使われているのだと思いますが、経済学者からは曖昧だと感じます。経済学の観点からは、銀商分離規制は、先ほどの話のように、主に銀行が破綻しないように銀商分離したほうがよいということが理由になります。

6 川濵昇（2003）「米国における銀行の株式保有規制の変遷」法学論叢152巻、211–243ページ。

ワンウェイ規制とは

さて、実は、実際に商業側の企業が2000年代の初めに銀行業に参入したい、と言ってきた時に、政府は認めてしまいました。銀商分離があるので、本当はよく考えて規制すべきだったのかもしれませんが、実はその当時、商業が銀行に入ってくるのを止めるような規制はありませんでした。つまり、銀商分離とは、銀行に対して「商業をやってはいけない」という法律は制度としてできていたのですが、その逆、つまり商業側が「銀行をやってはいけない」という部分がなかったのです。多分ですが、そもそもそういった事態が想定されていなかったので、法律にはなかったのだと思います。そのため、実際にそうした動きが出てきた時にはできてしまったわけです。

とはいえ、考えてみると当たり前ですが、その結果として銀行と商業を一緒に行っている企業（グループ）が生まれました。このように、参入の方向によって、一方からはでき、一方からはできない、というワンウェイの状態、規制が非対称であるという、お粗末な話には聞こえますが、そのような状況になったわけです。そこで、もともと銀をやっていた銀行側から、競争上不公平だということで、文句が出てきました。これがワンウェイ規制の問題です。

ワンウェイ規制をどう是正すればよいのか

この状況をどう考えればよいのか、経済学的に考えてみましょう。銀と商には先に申し上げたリスク（外部性）の問題があり、銀行が商業に入ろうとする場合には、きちんとリスクが遮断されるように銀商分離規制を行っているわけです。しかし、商業が銀行に入ろうとする時は、それができてしまい、リスクが遮断されない、ということになります。ここが一緒でないのはやはりおかしい、というのが経済学（者）から言えることです。プルーデンス政策として対称ではないので、対称にしたほうがよいということになるかと思います。

ではどうやって対称にすればよいのか、ということですが、イコールにするためには、銀行が商業に入りやすくするよう、銀商分離を緩めることが一つです。逆に、もう入ってしまっているものの、これまでは少し甘かったということで、商業が銀行に入ることを厳しくすることもあります。そのどちらかしかありません。

ただ、そうは言っても、もうすでに入ってしまっているものを、これから縛ることはなかなか難しい話です。経済学者の理屈としては簡単に言えますが、制度的に現実の社会では難しいことかと思います。経済学的には「やるべきこと」は言えますが、「できるかどうか」はまた別の話です。経済学者はそこまでなかなか考えられないことが多いように思います。これはまさに、今日のテーマの一つである経済学（者）の限界かもしれません。

もう一つ、経済学が弱いのは、では完全なイコールなのか、どの程度イコールに近づけるのがよいのかということを、経済学ではなかなか厳密には言えません。経済学では望ましい「程度」を出しにくいということです。もしかすると、実証研究などでデータを使って、どちらの効果でどちらがどのくらい損失が大きくなるか計算ができれば可能かもしれません。しかし、実際にはかなり乱暴な計算しかできないと思いますので、それは難しいかと思います。

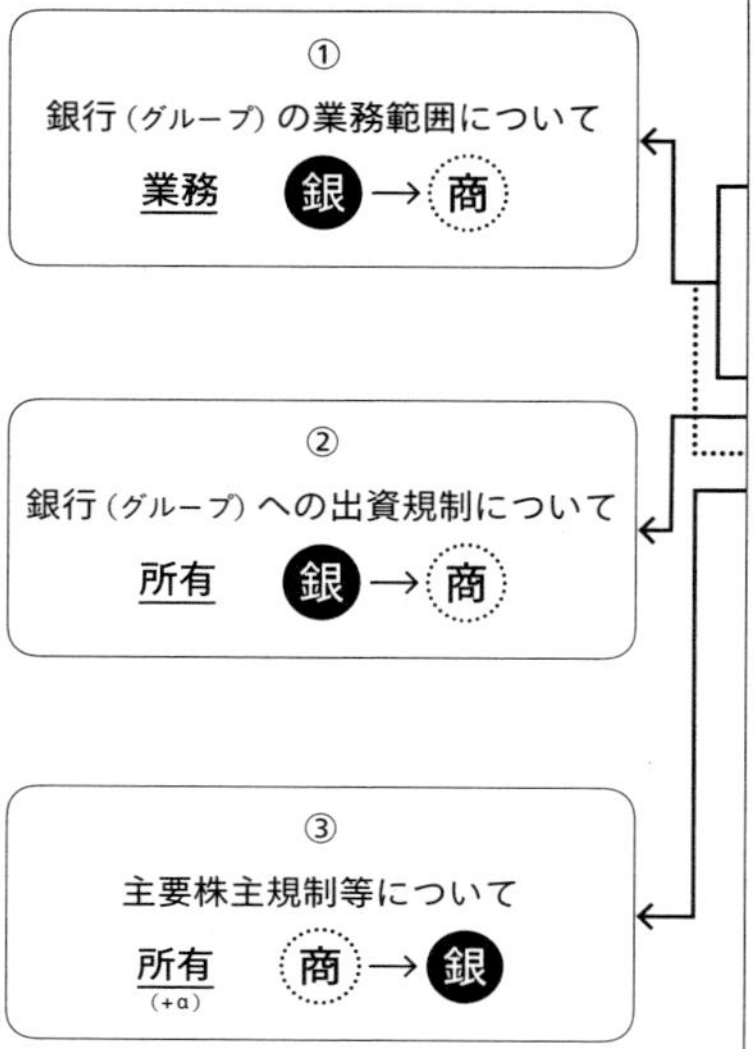

はじめに …… 1

第1章　社会経済情勢の変化を踏まえた銀行の業務範囲規制等のあり方
1.背景 …… 3
2.銀行
(1)業務範囲規制 …… 6
①子会社・兄弟会社 …… 6
②本体 …… 8
③その他 …… 9
・従属業務
・共通重複業務
(2)出資規制（議決権取得等制限（5%・15%ルール）） …… 10
(3)外国子会社 外国兄弟会社の業務範囲（国際競争力の強化） …… 13
(4)銀行主要株主規制 …… 14
3.協同組織金融機関 …… 17
4.保険会社 …… 17

第2章　地域における金融機能の維持
1.背景 …… 20
2.対応の方向性 ……
(1)兼業の代理業者による貸付けの代理・媒介の制限緩和 …… 20
(2)地域密着型の持続可能なビジネスモデルと非上場化 …… 21
(3)資金交付制度の創設 …… 22

第3章　その他所要の対応
1.合併転換法関係 …… 26
2.預金保険法関係 …… 27
3.金融機能強化法関係 …… 29

おわりに …… 30

図表5　金融審議会銀行制度ワーキンググループの報告書

実際のワンウェイ規制改革

では実際のワンウェイ規制の改革はどうなったのか、問題提起がなされてからの実際の経緯についてお話ししましょう。私がこの仕事をしたのは2019年ごろで、2020年の9月に金融審議会のワーキンググループで業務範囲規制に関する報告が出ました。こちらに結論が書いてあります。このワーキンググループの報告書は、図表5に示した3つの側面について書かれています。①業務（やってよい仕事）に関する銀行から一般事業会社（商業）への参入、②商業の会社を所有することによる銀からの参入、③そしてその逆、についてです。この時の主な論点は、③の、商業が銀行を保有する場合の問題でしたので、ここでもその問題に注目しましょう。
③に関しては、「③によって起こりうる問題は、銀行が商業を保有する場合（②）と同じであり、将来的には規制を共通にすべきだ」という意味の指摘が、審議会の中で行われたことが書かれています。しかし、「今現在、商業が持っている銀行は、そこまで危険な業務をしていない」という意味の記述があります。確かに今はそうです。しかし、将来的にどうなるかは分かりません。どうもそこまでは考えられていないようです。
また、「これまで既に、銀行が商業に参入する時の制限は、だんだんと緩められてきている」という指摘もなされています。これは確かにそのとおりで、たとえば地方の銀行は地域商社を設立したりしています。ただ、そうはいっても参入できる業種は依然として大きく制約されています。また、「銀行グループには事業親会社グループと比較して充実したセーフティネット（破綻に備えた安全網）が整備されている」とあり、銀行が商業を所有する場合は問題が少ないことが書かれています。しかし、これは逆に、商業が銀行を所有する場合には整備されていない、ことの裏返しです。

結論はどうだったかというと、「商業が銀行に参入することで、これまで問題はなかった」という理由で、「現在銀行を保有している一般事業会社について、（中略）追加的な規制を直ちに課す必要はない」、つまり、別に何もしなくてよいという結論になっています。結局は何も変更はないということです。銀行のほうで少し緩和するということは決まりましたが、それくらいでした。

私から見ると、正直この結論は一体何なのだろうと思いました。問題だということで検討が始まったものの、結局ほとんど変更されなかったわけです。書かれていることは、問題は今まで起こっていないので変えないということです。しかし、経済学者から見ると、これから起き得る問題のことを考えなくてよいのか、というのが最も不思議に思ったことでした。

結局は、現状の制度を変えることは難しいという、制度の硬直性の問題が壁になったのかもしれません。あるいは、何か政治的な力が働いているのかもしれません。しかし、結論はこのようになってしまいました。なお、付言しておきますが、私が関わった研究グループのプロジェクトは、実に様々な論点を洗い出して議論していました。前述のワーキンググループの結論は、私が関わった研究グループの研究成果を反映したものではありません。

2　公共政策における法学と経済学の役割

法学者と経済学者の役割分担

さて、この研究グループに関しては、本日のテーマである法学と経済学の役割という点からもご紹介しておきたいと思います。実は、このプロジェクトは、私以外のメンバーは全員法学の先生でした。岩原先生（早稲田大学法学部教授）が取りまとめをされ、他のメンバーとしては、アメリカ、日本、イギリス、ドイツの各国について、それぞれご専門の法学の先生が銀商分離規制についてまとめてこられ、私だけ、今申し上げたような経済学の話をしました。各国の部分が、法学でいうところの比較法のアプローチだと思います。

この研究グループの構成や議論について、特に具体的な問題を感じたことはありません。しかし、より一般的には、法学者のアプローチについて、漠然とですが少し問題はないだろうかと感じることはあります。実は、調べてみると、これは別に私だけが思っているわけではなくて、金融制度をご専門とされていた神田先生という有名な法学の先生のご指摘なのですが、「日本の制度改革というのは海外の制度や実態をよく研究して改革を行う点で優れている」ものの、「制度に関する表面的な形式論に終始することが多く、理屈がない」、という旨のことをおっしゃっています。「今の制度を前提とするのは危険ではないか」だとか、「そもそも銀行とは何かということを考えないといけない」といったことを、法学者である神田先生ご自身がおっしゃっています。

これは、実は、経済学者と法学者の、政策に対するアプローチの違いを表しているのかもしれません。経済学の金融の分野では、「制度アプローチ」と「機能アプローチ」という区別がなされることがあります。「制度アプローチ」とは、今の制度がどのようなものかを前提として、それをなるべく変えない形でうまくいくように考えましょう、というアプローチであり、これに対して「機能アプローチ」というのは、そもそも何のための制度かというところに立ち戻って考えましょう、というアプローチです。状況が変わったら全然違う制度にする必要がある、と考えることになるのが機能アプローチです。この二つのアプローチは、ノーベル経済学賞を取った経済学者マートン（Merton）が、ある論文で述べていることです。[7]

7　Merton, R.C. (1995) "A Functional Perspective of Financial Intermediation." Financial Management, Vol. 24, pp. 23-41.

私は別に、機能アプローチの方が大事だということを言いたいわけではありません。制度というのはそう簡単には変わりませんので、制度アプローチも大事だとは思います。しかし、やはり機能アプローチの見方も大事だと思います。大内先生が経済学や立法論で大事だと言われるのは、このようなところかと思います。

「日本化」の問題

なお、これはまた違う話、といっても結局は関連する話ですが、制度アプローチに関しては、別に思うことがありました。教育学の本を読んでいて見つけた言葉なのですが、「日本化」という言葉がありました。私がちょうど思っていたようなことを、浅沼先生という方が書かれていましたので、ここに持ってきてみました。[8] これは法や経済ではなく、文化に関する話で、その真偽は専門家ではない私にはわかりませんが、「やまとだましい」「桜のようにぱっと散る人生」「国体の花、菊」などは、日本の精神を表す表現だといわれていますが、実は日本の古典を探しても全然出てこないものであり、そもそも桜や菊は、日本のものではない、とのことです。

この浅沼先生ご自身は、教育学のカリキュラムに関する研究をされておられる方で、日本のカリキュラムの話をされる中で、この点に触れられています。具体的には、「到達度評価」「目標・基準の明確化」「カリキュラム経営」「キー・コンペテンシー」といったカリキュラムに関する概念が、実はアメリカルーツのものだが形だけ取り入れられ、そのルーツや普及する理由が問われることなく自明のものにされてしまっている、ということを指摘されています。これが、浅沼先生の言われる日本化という問題です。

比較法のアプローチはこのような危険があるのではと思いました。先ほどの金融庁の研究グループの場合には、メンバーの先生方は、各国の制度を理屈のところまで探してまとめられていたので問題ありませんでした。しかし、比較法的なアプローチをとる場合、ともすればこの「日本化」のような問題が発生してしまわないか、と懸念しています。つまり、本質を踏まえず、海外の制度の表面的なところだけ導入することで、実は言葉の意味が変わってしまっていたり、本来の目的と違う結果をもたらしてしまうことになっていないか、ということです。

経済学者から見た法学と経済学

法学と経済学に関して、もう少し一般的な話に戻すと、まず法学のイメージとしては、硬直的なイメージがあります。制度の話ですのでなかなか変えにくいのは仕方ないのですが。

他方で、私のような経済学者からすると、経済学は効率性という判断基準に頼らざるを得ないことに限界を感じています。このため、何か他の判断基準が法律の分野にはないのだろうか、と期待したりしてしまいます。

法学についてだけではなく、経済学についても議論しておきましょう。今お見せしているスライド

8 浅沼茂（2016）「カリキュラムと学習」『カリキュラムと学習過程』第1章、放送大学教育振興会。

3つの「経済学の＿＿＿によると…」

「理論分析の結果」（数理モデル、方程式の解）

＝「制約条件付き最適化問題を解いた解によると」

＝「（〇〇という目的を達成する上での）効率性という判断基準からすると」

「理論分析の考え方」（発想、考え方、捉え方）

＝「一般均衡的に考える（相互依存関係、局所ではなく全体を見る）と」

＝「動学的に考える（目先・当面だけでなく将来まで考える）と」

＝「外部性・公共財についても考える（私的（個人）だけでなく公的（社会）のことも考える）と」

＝「市場での評価に基づくと」

「実証分析の結果」（データ、エビデンス）

＝「データを整理した結果によると」

＝「識別を踏まえた結果によると（他の説明を排除したうえで）」

＝「因果推論の結果によると（因果関係を明らかにしたうえで）」

図表6 「経済学によると」が意味するもの

には、経済学者の言うことは注意して聞きなさい、という意味のことを書いています（図表6）。経済学者が言っていること、「経済学によると…」というものの中には、実はいろいろなものがあり、大きく分けると3つあります。そのどれなのかによって、言われていることの聞き方も変わってくるからです。

まず第一に、「経済学によると」は経済学の理論家による分析の結果によると、つまり、経済を描写する数理的なモデル（方程式体系）から導かれた結果によると、を表していることがあります。この場合、多くの理論分析は効率性の基準から見て何が良いか、を考えていますので、理論的に考えて最も効率的な提案が行われていることになります。その結果は、その理論が現実の経済の動きを的確に描写しているのであれば、とても重要で意味のある結果です。

しかし、経済学者は一般的ではない結果、つまり特殊な設定でのみ得られるような結果の話をしていることもあるので注意が必要です。また、関連しますが、理論分析の結果だけで話をする経済学者は少し危険かと思います。数学的には正しくても、現実の制度に合わないような、とても実現できそうにないようなことを言ってしまう可能性があるからです。

第二の「経済学によると」は、経済学的な発想・考え方、経済学における世の中の捉え方によると、というものです。経済学の思考法、つまり理論分析のアプローチ、あるいは経済学の理論体系における世の中の捉え方は、それ自体とても大事だと思います。一般均衡的なマクロの話、つまり自分の行動の結果、どのような影響が経済の他の部分に生まれるのか、直接見えないところに生じる影響を考えたり、あるいは目先だけではなく将来のことを考えたり、という考え方は、経済学のトレーニングを積んだ人には当たり前ですが、一般にはそれほど簡単ではないと思います。

「経済学によると」の第三の意味ですが、データに基づいた分析結果のことを言っていることもあります。実際のデータを分析した結果ですから、これはとても現実に近いものです。近年注目されている、エビデンスに基づく政策形成（Evidence-Based Policy Making（EBPM））におけるエビデンス、もこの中に含まれます。

しかし、詳しくお話しする時間はないのですが、実際にデータを取ってきて分析できるようなケースは限られているのも事実です。このため、たとえばデータが取れた範囲でしか言えないような話を、一般化し過ぎてしまうといった危険があります。

公共政策における経済学の使い方

では、公共政策に対して経済学はどのような役割を果たせる（果たすべき）なのでしょうか。私の意見としては、公共政策に経済学を使ってもよく、むしろ大変重要な道具の一つだと思います。しかし他方で、経済学の言っていることは、選択肢の一つでしかないということにも注意する必要があると思います。

何より、その選択肢は、基本的には効率性という価値に縛られています。経済学者は、こんな選択肢がよいのではないでしょうか、として政策提言を出すことがあります。そうした提言は、経済学的根拠に基づくというだけで絶対的なものとして捉えられることもあるように思います。しかし、経済学者が言っていることは、基本的には「効率性を高めるには」という観点、あるいは特定の価値判断基準に基づいています。効率性でよいのか、という点は、別の重要な論点ですので、そこを十分に考えないといけないと思います。たとえば、効率性を追求しすぎると、人の生活や命が脅かされるようなことにもなりかねません。

経済学のメリット、デメリットとしては、まずはメリットとして、物事を柔軟に、そもそも論から考えられるというメリットがあると思います。他方でそれは、その考え方が現実に基づいていないというデメリットを伴っているかもしれません。現実と理論とのバランスを取って、使い方を考えないといけないと思います。特に、制度を知らない経済学者は、実際の制度を変更することは非常に難しく、経済学的に言えば取引費用はとても大きいことが多いことを理解しておくべきでしょう。この点で、経済理論ばかりを扱っている人よりも、データを扱う実証家の方が、現実に近い提言ができるのかもしれません。

経済学者の問題？

他方で、前述のような問題は、経済学自体の問題というよりも、それをどう使うかという、ユーザー側、（開発者ではなくユーザーとしての）経済学者側の問題なのかもしれません。過去の別のV.Schoolサロンでも話に出たのですが、経済学者というのは価値判断をしない、あるいは避ける傾向にあります。私も確かにそういうところがあります。その反面、経済学が一番というか、経済学だけ分かっていればよいというような、一見傲慢にも見える考え方をされる方もおられる気がします。

関連しますが、学界（開発者の世界）ではそれまでにない新しい考え方を経済学に取り入れると評価されますので、他の分野の考え方を何でも経済学に取り込もうとするあまり、他分野の考え方を尊重しない、十分理解しようとしない、といったことも多いのではないかと思います。あと、経済学では数値で測れないものは扱いにくいです。経済学を使って公共政策に物申す時には、こうしたところに気を付けたほうがよいと思っています。

法学にも経済学にも欠けているもの

最後に、法学と経済学に欠けているものについてです。価値判断の基準が特定のものに偏っている、あるいは価値判断しない、といった点からして、結局は法学や経済学だけでは不十分で、倫理学のような、他の学問に頼らざるを得ないところが大きいと思います。法学や経済学のことだけを知っていれば公共政策ができるわけではなく、さまざまな学問の知見を知っている必要があると思います。あとは、本日は話に出ませんでしたが、政治学の知見も大変重要だと思います。それ以外にも人文科学もとても重要だと思います。

また、少し違う話になりますが、私は学部・V.Schoolでデザイン思考を使った授業を行っています。デザイン思考では、課題を抱える当事者の立場に立って、その人に共感してその人の課題を特定し、その解決方法を考えます。このデザイン思考は、実は海外では政策立案にも取り入れられています。つまり、政策の対象になる、貧困、社会の階層化、人口問題などの社会課題に実際に直面している人の立場に立って、その人の話を聞き、その人が何を求めているか、というところから政策を考えるアプローチです。特許庁など、最近では役所でもデザイン思考を行って課題解決を考えるようになっていますが、こうしたアプローチは経済学や法学のアプローチとは全く違うものです。

以上、時間の制約もあり、特に最後はまとまりのない話でしたが、私の話は以上です。ありがとうございました。

4

話題提供者間の意見交換

大内　伸哉・内田　浩史

内田　ここから少し、大内先生と私で意見交換をして、そのあと、フロアのディスカッションに移りたいと思います。では大内先生、何か思われたことや感想など、何でもおっしゃっていただければと思いますが、いかがでしょうか。

1　比較法のアプローチについて

大内　さきほど比較法の話が出てきたので、その点について少しお話しします。なぜ法学者が比較法の研究をするかというと、法学というのは元々日本にはなく、輸入されたものだからです。基本的な法律はすべて西洋から輸入したものです。ですから、制度の勉強をするのならまず外国法、という伝統がずっとあって、解釈論にしても、日本の法律は、その元となる外国の法律、すなわち母法があって、そこの国の解釈が参考になるだろうということで研究し、実際、成果もいろいろと上げてきました。

ただ、発想がキャッチアップ型なので、外国から教わるというメンタリティーが法学の世界にはあるのです。しかし現在起きている現象のなかには日本が一番の課題先進国になっていたり、あるいは外国でも同じような課題があっても、必ずしも十分に議論されていなかったりするものもあり、そうなると、外国の法律が必ずしも参考となるとは言い切れないのです。こういう時には、自分たちで考えていかなければならないのですが、その点でどうも日本人はゼロから考えていくことが得意ではない気がします。

いずれにせよ、外国法は、視野を広げるという程度の目的で使うのはよいのですが、研究しているうちに外国法に飲み込まれてしまい、それがあたかも正しいかのような錯覚に陥いることもあり、そうした状況で日本の議論をしていくと、それはやはり適切ではないのです。神田先生が先ほど書かれた文章は、このテーマについて私は詳しくないですが、もしかしたらそういう問題意識を持っておられるのかなと思いました。そこで言われていることは当たり前のことですよね。日本の問題を日本風に考えて、海外の制度はあくまでも参考資料ということです。内田先生が日本の法学者の議論に多少の違和感をもち、神田先生の文章に賛同されたのは、私もよく理解できるところです。

内田　違和感と言ったのは、特定の法について、というよりは、日本の研究者などの態度のような、あるいはもっと広く、日本の文化というか、表面だけ取り入れて、何のためにやっているのかを考えていないことが多いのではないかと思っている、ということです。

大内　ゼロから考えるよりは、外国に似たものがあれば持ってくるというほうが、その意味で効率的なところもあります。ですから、目的をはっきりさせたうえで外国法を使うのはよいですが、使い方の問題ということではないかと思います。

2　理想と現実

大内　機能アプローチ、制度アプローチというところも、既存の制度に対してどのような態度で臨むのかということに関係してきます。フォアキャスティングとか、バックキャスティングといった言葉を、環境問題などへの取り組み方の時に使います。バックキャスティングというのは、将来・未来のあるべき像をまず捉えて、そこから逆算してどのような施策が必要かを考えていくという発想で、フォアキャスティングというのは、現状を前提に未来に向かっていくという方向で考えていくことです。制度アプローチというのはフォアキャスティング的な発想で、まず現在の制度があって、何か課題が出てきた時に、現在の制度をうまく使いながら一歩一歩進んでいくということで、役所などは基本的にはそのような発想です。今ある制度をうまく使いながら新たな問題にも取り組んでいくことで、これは法律家のメンタリティーにも割と合っているところです。バックキャスティング的な発想で将来を考えることはイマジネーションの世界でもあるし、社会科学は苦手なところだと思います。

いずれにせよ、フォアキャスティング的な発想は法学でも広く浸透しているので、そういったものが制度アプローチのように、制度を大切にしながら議論していくところにつながっているのだと思います。これは、今あるものを無駄なく使っていくことで、政策目的を達成する上では、そのほうが効率的であるかもしれません。というのは、機能アプローチで、何か新しい制度が必要になってくるといった時に、ではそこへの移行期の問題をどうするのか、もし今の現行制度がまったく使えないとなった時に、それを解体して、新たな制度を構築するコストは大変なものになるのであり、そういうことを割と法律家は考えてしまうような気がします。

内田 現実的という言い方もできますよね。大内先生、打ち合わせでお話しさせていただいた時に、経済学者の議論は乱暴になることがある、という話が出ましたよね。私にもよく理解できることですが。

大内 言葉は適切ではなかったかもしれません。ただ、その話になった時に申し上げたかったのは、どうやって実現するのか、という実施コストを考えない議論は現実的なのか、ということです。それと、法制度のもつ沿革や歴史を無視してよいのか、という意味も込めています。とはいえ、私自身は、あえてそうした「乱暴な」議論をしなければ、新しい発想での政策は進めることができないのではないかとも思っており、経済学者の「乱暴な」議論に必ずしも否定的というわけではありません。

内田 私もそう思うので言っていただいて全然構わないのですが、理想と言うか、現実を描写するある数学上のモデルを組んで、そこではこうするべきなので、そこで出た結果を、だから現実でもこれをしなさい、というように短絡的に言ってしまいがちだと思います。ですから、理論と現実のギャップを知らない人が政策提言をすると非常に怖いな、と、経済学者でもある私も思っているという意味で伺いました。

大内 そういう発想からすると、例えば特区などをうまく使ったらどうかと思います。特区ですと、ある種、実験ができますよね。乱暴なこともできます。

ただ特区には、また別の問題があります。例えば解雇規制の話でいくと、失業率の高い特定の地域だけ解雇規制を外してみるとか、あるいは、地域で行うと問題があるかもしれませんので、スタートアップ企業については解雇規制を外すなど、いろいろな形の特区的な発想があると思いますが、では実際にそれをやったらどうなるのかということです。実施すればデータも出てきて、解雇規制がないほうが雇用を増やすといった結論が出てくるかもしれず、あるいは何も影響しないという結論になるかもしれませんが、いずれにせよ何かデータが集まるということがあって意味が大きいかもしれません。しかし、それをやるとなると、公平性の議論のようなものが出てきてしまいます。特区の対象者の労働者は解雇規制からの保護を受けられないので、同じ国民の中でそのような違いが出てくるのを許容できるのかという話が出てくるのです。私は許容できると思いますが、法学者の中では例外的でしょう。何が公平かということです。ところが、公平の基準はよく分からないところもあります。

3 様々な学問分野の協働について

大内 これは結局、先ほどの正義は何か、という出口のない議論になります。法学は、価値や公平性を扱っていることになっていて、それが法学の強みでもあり特徴でもある、というイメージもありますが、その具体的な内容が何かと言われると、やはり法学のほうも明確な答えはないのです。

内田 私も同じような意味で、経済学には限界があると思っています。その足りないものの一部は法学にあるのではないかと思って、法学者である大内先生とこのサロンを準備し、議論させていただきました。しかし、今日の議論からはどうもそうではないようだ、ということに気付いたという次第です。

大内 他の法学者は別の意見もあるかもしれませんが、私はそう思っています。だから、何が正義かを明らかにするということではなく、それをめぐって議論すること自体が大切だ、という話になるのです。それは、経済学者と法学者との間の議論も大切だ、という話とも結びつきます。政策はどちらかの考え方だけで進められるわけではないということです。

経済学者との議論は、自分にとって新しい視点を得るという意味で、私は非常に参考になります。先ほど、内田先生が「経済学によると」という場合には、理論体系の話と経済学的思考の話とデータに基づく実証の話の三つあると整理されていましたが、それによると、経済学的思考というものが、まさに法学の議論においてとても参考になると思います。一方、理論的な話や実証の話になると、それだけで経済学者の方に全て法制度設計を任せられるかというと、やはりそこは違うのではないかと思います。

内田 それは非常に危険だと思います。現実にはとても実現できないような提案が行われたり、目的を忘れてコスト削減だけを求めるような事態にもなりかねません。

大内 そのようなところでは、法学との協働ができるのかもしれませんが、それだけでは不十分ではないかとも思います。

内田 法学と経済学に答えがないのだとしたら、どの分野の人が必要ですか。現実のバランス感覚を持った倫理学者、などでしょうか。

大内　テーマにもよるでしょうが、そのようなことにもなるでしょうし、社会学も重要ですよね。数字だけではとらえきれない実態の分析が重要な場合です。

内田　ありがとうございます。

5 フロアとのディスカッション

内田　では、われわれの議論はこれくらいにして、フロアからのご意見があれば伺ってみたいと思います。どなたか何かありましたらどうぞ。C先生、お願いします。

C　内田先生、大内先生、ありがとうございました。私は専門が会計学・経営学で少し違いますが、経済学も割と勉強してきました。前も内田先生がサロンでお話しされた時に伺いましたが、今の経済学は効率というところからスタートしますけれども、経済現象というのは別に効率性だけではなくて、もっと制度的なものですよね、経済そのものが制度で成立していますから。私は経済学者の方には、効率も大事ですけれども、制度的なところを経済学的に分析するという視点をぜひ入れていただきたいと思います。昔はマルクス経済学や制度派経済学というのがあり、そちらのほうの経済学もありましたが、日本の場合は、世界的にもそうかもしれませんが非常にそこが弱いですよね。

逆に制度的なものはどのようなものかというと、もちろん銀行制度や法制度も制度としてはあるんだけれども、動きの慣習やルーティンなど、私たちが毎日しているようなところの経済的な分析というのが、やはり政策決定のところでも決定的に欠けていると思います。

法律はやはり制度ですので、制度的なところで議論をしていきます。法というものを前提とした制度の議論ですので、もちろん法哲学のような正義とは何かというところまでならぎりぎりかろうじて法の議論になりますが、法律の何々の解釈でこうというところですと、法になっていない制度のところの議論が非常に弱くなってしまいます。だから、銀行と商業の銀商分離というのは、私はそれほど詳しいわけではありませんが、制度的にできてしまったものを後から法律や経済でどうこうと言ってしまっているので、どうして制度的にできてしまったのかというような、つまり商業のほうにそれをどうして認めたのかというところは、たぶん（現実には）ロジックが多分あるのですが、恐らく（法律や経済の）議論の対象になっていないと思います。

別に結論が欲しいとか、討議したいというところではありませんが、経済学も法律もどちらもできないところで最後に倫理とおっしゃっていて、もちろんそれもそうですけれども、もっと根本的な、制度的なところの議論が必要です。例えば、貨幣を議論すること。貨幣はかなり制度ですが、でも経済学になった瞬間に、貨幣は制度ではなく効率性・均衡というところで議論されてしまうので、そこで欠けているものが多いと思います。法律はその一部を、法の制度になっているところは議論するけれども、法から外れているところはなかなか得意ではないと思います。
感想のようなことで恐縮ですが、以上です。

内田 ありがとうございます。私のほうから少し申し上げると、具体的に今ご指摘いただいたのは、そもそも銀商分離のワンウェイ規制のような、制度の落ち度が露呈するような状況がなぜ起きるのか、というところのお話であるとも思います。それを制度という言葉で言われたのかと思います。ただ、説明をしようと思えば経済学のモデルはいかようにも組めるので、なぜこうなったのかは、たとえば商業側の企業からすると、ビジネスチャンスがあったからこのようなところに付け込んだとか、商業が銀行に入ってくる時に法律の制限がなかったというのは、経済学的ではないかもしれませんが、それだけの想像がされていなかったただとか、そのようなことが想定されていなくて、うまく対応できる状況ではなかった、とか、なんらか説明を付けることはできます。実際の金融行政というのはそのようなことの繰り返しで、金融危機などのように、予め予想して、と言うよりも、起きてからどうしようかと考えますので、その辺りを説明するようなところが抜けているというご指摘かと思います。
経済学は、取り扱いやすいところばかり取り扱いがちなところがあります。いずれにせよ、良い意味か悪い意味かは分かりませんが、先ほどお示しした「経済学では」、という時の、モデルを組んで何か説明する、というところにはいろいろな方法があり、C先生が仰っておられるようなことも、経済学のモデルを使えば何でも説明できるような気はします。

C　選好の問題もよいのですが、それは全てrevealed preference（顕示選好：実際に行動として表れた選好）ですよね。現実にあるものが結論だから理論化できるので、それができる（現実に表れる）前に理論ができるかといったらかなり難しいと思いますが、その辺りはどうですかね。モデルが組めるのも、現実としてそれがある、もちろん架空のことでしたらできますが、実証しようと思うと、経済学の理論は原則ポジティブセオリー（positive theory：現実を描写するための理論）ですので、必ず現実が正しい、ということでモデルを組まれているのかと思いますが、現実がもし間違っているとしたら、モデルが組めなくなってしまうような気がしますが、その点はどうですか。

内田　正しいのか間違っているのかというのはどのような基準ですか。

C　それが分からないんですよ。ですから、経済学は、人間の行動は正しいから価格とか…（と考える…）

内田　正しいかどうかとは言っていないですね。何かの行動原理に従っているとしたら、と（仮定して話を）進めていきます、とは言いますけれども。

C　そうですね。しかしそれは、従っているとしたら説明できる、というよりも、実際に出てくる結果を、従っているとしたら、とした時のものとして見ますから、選好というものは理論的なものですが、現実で使えるものは結果のものしか使えないので、それが本当に選好かどうかは、前提（想定）でしかないわけです。

内田 そういうメカニズムが背後にある、と想定して説明してしまうということですね。

C そうです。

そのメカニズムがなかった時、の現実がすっかり議論の外に出てしまっているという話になるので、それを議論している。良いとか悪いとか、正しいとか間違っているという問題ではありません。

内田 そういう説明やそういうロジックでよいのかというお話かもしれないですね。

C だから、行動経済学はそれを調べると言っていますが、調べる方法があまりにも稚拙なので、稚拙というか、学問的にはすごくやられていますけれども、マーケットのようなものがありませんので、やはり代替するにはなかなか難しいかと思います。少し話が長くなってしまいました。

内田 私も十分にご趣旨を理解してお話しできているか少し分からないですが、長くなりそうですので、ひとまずここまでということですみません。

大内　法律家は法となっているものだけを扱っている、というご指摘については、私の分野で、例えばいわゆる日本型雇用システムという言葉があります。これは法律に根拠をもったものではない、慣行のようなものです。日本型雇用システムは、法的な制度ではないので、定義は難しいのですが、終身雇用、新卒一括採用、人材の企業内育成、年功型処遇、企業別組合などを特徴とするという点では、だいたいの共通了解があると思います。このようなものが、起源は戦前ですが、戦後の高度経済成長期に大企業を中心に定着していったことについて、それはそれなりの合理性があったから定着してきたのではないかという仮説をもつことはできます。その合理性のメカニズムを経済学の立場から分析していくことはできると思います。

しかしこれについては、日本型雇用システムはやはり非効率な制度で、そのような非効率なことが現象として起きても、それは持続性がなくて崩壊していくもので、実際に今崩壊しつつあると思いますが、そういう非効率であるとか、あるいは実は合理性はない、という批判も可能です。とくに、アメリカ的な、自由市場的な観点からすると、日本型雇用システムは非効率に見えてくるのではないかと思います。この辺りが面白いところで、日本型雇用システムは、法律に基づくものではなく、自然発生的にできたものですが、これをどのように説明するのかということについて、経済学者の間でも、存在するものは合理性があるとしてそのメカニズムを分析したり、あるいは別の視点から批判をしたりするというように、いろいろなアプローチがあるということです。

内田　ちなみにそれこそこの（「経済学とは」の）一番上の話でして、経済学者の（故）青木昌彦先生がそのようなことを研究されていて、数学のモデルで日本型の雇用システムと金融システムというのがお互いにメリットになるようにできている、というモデルを組まれています。これが唯一の説明ではないとは思いますが、経済学者はそう（合理性に基づく結果として）考えがちです。

大内 問題は、それを今後維持すべきかどうかなど、そのような実践的な話になってきたら、これはなかなか難しいですよね。

内田 べき論はなかなかできないですね。

大内 できないですよね。法学はこれに何か言えるかというと、法学もやはりなかなか言えません。先ほどの自由と保護のような話でいうと、自由と保護とどちらが大切かというと、これは決着がつかない問題ではあります。その中間に解があるとしても、その解をみつけることは難しく、結局、政治プロセスにおいて暫定的にこれが正しいと決めてもらってやるしかないということになります。

内田 ありがとうございます。他に何かありますか。

D 大内先生、内田先生、ありがとうございます。立法する時に、いろいろな協働をされるということを大内先生がおっしゃっていました。その時に、経済学の論文やデータ分析などを使われるということがあるのかというところと、それ以外にも協働という形でどのように立法の制度が関わってくるのかというところを伺いたいです。私の専門は、経営学なので、どちらかというと、規制よりも企業の自発的な取り組みを重視しています。しかし学生は、絶対に環境問題はこのように規制すべきだ、といつもそのようなことしか言いませんので、どのような形でデータを利用されて立法のほうが進んでいるのか、本日はお伺いできればと思いました。よろしくお願いします。

大内 データの活用という点については、最近では先ほども出てきましたがＥＢＰＭということが言われています。しかし、法律家のメンタリティとしては、データを用いたエビデンスも、あくまで参考資料にすぎないということです。審議会の場などでも、そういうことになるでしょう。もしデータで決めてよいとなれば、例えば、最低賃金などは、データを使ってさっさと決めてもよい分野かもしれないのですが、そうはいかないのです。それと、協働という点については先ほどの内田先生の資料で示された、内田先生以外のメンバーが全員法律家というのが割と分かりやすい話ではないかと思います。実際に立法過程において、法律家がリーダーや座長になり、経済分析の視点も立法には絶対に必要ですので、そこは経済学者の方に入っていただき、比較法は法律家のほうが得意ですので、その専門とする国に関係するところを担当する、というのが、典型的なパターンだと思います。これに社会学の人が入ったり、テーマによっては関連する専門家、それこそ経営学の方が入ったりすると思います。労働政策でも大体このような感じですし、加えて、実情に詳しい労働組合や経営者団体の代表者が入ってきます。社会学と先ほど言いましたが、実態がやはり分からなければいけないので、そのような方に入ってもらって協働していくということだと思います。

内田　審議会の構成員といった話でもあります。そこに適切な人が入っているのか、という話かもしれませんけれども。

大内　それは難しい問題です。印象的な話になりますが、立法の構想などは、役所がやはり事前に絵を描いていますから、役所の考え方に毎回反対するような人がメンバーに入ると進まないということもありますので、そのような人は外すという人選はされていると思います。しかし、これでは、もし役人が間違えた政策を進めていても、是正される機会がなくなるかもしれないので、少し危険な話です。

内田　大切なのは議論をするというところで、その手続きが大事だという話がありましたけれども、そこに関係することかと思います。理想的な手続きは一体どのようなものなのか、というのは、役所のやり方は一つの現実的な方法だとは思いますが、それ以外に何かあればよいなということかもしれません。

E先生から質問を一つ頂きました。E先生、お話しできますか。

E　議論が少し大きくなってしまうかもしれません。今お話しされている問題を今後解決しようと思った時に、教育で何ができるかと思った時、単純にそれを解決できる人材を育成したらよいのでは、と思いました。そのようになった時、両方のドメイン（学問領域）に属しているような人材を育成したほうがよいのか、もしくは私だと教育法学ですが、法学に完全に浸かっている人が他の分野と協働できるようなスキル的なところを育成したほうがよいのか、先生方が自分の学生を育成する時、プログラムを考える際にどうなのかと思いました。少し大きな質問ですが気になりました。

内田　ありがとうございます。それはまさにV.Schoolでずっと話しているようなことかなと思いましたが、基本的にわれわれがずっと話しているのは、専門家は専門を追求している人でなければいけないのが基本です。しかしそれだけでは駄目だということをずっと話しています。ですから、いわゆる「T字型人材」というものですが、Tの字の縦棒が専門性で、専門性を縦に伸ばすことも大事だけれども、他の専門性の高い人とつながるために横の手を伸ばすというところが大事だ、という感じです。そのようなことをまさに意図して、本日のサロンは設計しています。法学と経済学で、お互いに話ができる人が話す場をつくる、というところが大事かと思っています。

私の別の意図も申し上げると、公共政策を考える人として、経済学しか勉強していない人が公共政策を行うと怖いところがあると思っているので、公共政策を行う上で、経済学を勉強した人は何を勉強したほうがよいのかを考えたい、という意図もあって、本日は法学の大内先生にお話を伺っているところがあります。将来的にはそのような教育プログラムやカリキュラムを作ることができればよいな、とも思っています。工学部の市民工学の先生もそのようなことを言われていました。

大内　例えば法学の専門家というと、先ほどの解釈論の話にどうしてもなりがちですが、それよりも大切なのは法学の精神ではないかと思っています。法学は価値を扱っているようですが、その内容は簡単に答えが出るものではなく、むしろ手続的なものが大切だということは、先にも述べたとおりです。しかし、この感覚が世間では、あまり共有されていません。例えば、目の前で殺人事件があったとします。犯人は明らかであるため速やかに処罰してしまえばよいという考え方もありますが、それでもきちんと検察が起訴して刑事裁判を行うという手続を踏みます。被告人には弁護士もつきますし、しかも裁判は上訴のような不服申立もできるなど、万が一にも冤罪《えんざい》が出ないような仕組みが考えられています。冤罪は実際にはあるのかもしれませんが、できるだけ出ないような手続を用意しています。これは人類の知恵です。

　このようなものが法学的な発想だという気がします。この手続的な正義という観点は、日常生活をする上でも重要だと思うのですが、法学を学んでいる人間とそうでない人間ではかなり感覚が違うと私は思います。手続なんて本質的なことではない、という考え方の人も、世の中には多いと思いますが、しかしそれはやはり危険なのです。大学の例でいうと、学内で教員による学生へのハラスメントの問題があった時に、被害を受けていると、勇気をふりしぼって申告している学生が面前にいれば、その被害の救済が大切だという気持ちにはなるのですが、その感情に流されて、加害者とされる教員の手続保障をきちんと行っていなければ、間違いが起きるかもしれません。そうすると、どうしても被害学生だけでなく、教員に対してもその言い分を十分に聞くなどの手順が必要となり、それがややもすると、加害者とされている教員寄りの姿勢だと受け取られかねません。しかし、そうではなく、結論に至るまでの手続の公正さに十分に配慮することが必要だ、というのが、法学的な発想です。刑事裁判における推定無罪というのも、こうした発想です。このような、法学特有の、しかし一般教養につながる部分というのは、多くの国民にもってもらいたいのです。

同様に、経済学はかなり明確なディシプリンのある分野だと思いますが、細かいところはともかく、本日、経済学のご説明いただいたような基本的な考え方、とりわけ経済学的な発想というのは、これはやはり国民が教養として共有しておかなければならないものでしょう。ですから、ご質問に対するお答えとしては、学問に精通しているということよりは、いまの法学や経済学やさらに他の分野も含め、各学問のエッセンスはしっかりと身に付けているような人材を育成することが大切である、ということになると思います。

内田　どちらも身に付かないのはやはり良くないと思います。良いところ取りというか、何となく経済学や法学の上面だけを知っている人、両方ともやります、という人は良くないと個人的には思います。今の大内先生のお話を聞いていて、V.School長の先生がおっしゃっていたことを思い出しました。その先生は、V.Schoolのイベントでも何でも、法学部の学生がいると、「ルールは守るものだと思いますか、思いませんか」と必ず聞かれるそうです。私はこの質問をいつも面白く感じています。私であれば、明らかに意味のないルールは守る必要はないと思っています。目的があるのなら、ルールを外してでもそちらに合ったことをすればよいと私は思ってしまいます。しかし大内先生が言われたのは、まさにそのような考え方の問題だと思い、かなり納得しました。やはり、手続ができた意味があるのだ、というところで今、非常に納得しました。

大内 手続の重要性に関連して、もう一つ付け加えますと、他者の考え方を尊重する、という視点も重要です。例えば、裁判を例にあげると、必ず原告と被告、刑事裁判であれば、検察と被告人がお互いに自分の言い分を主張し合います。そのような手続があるのは、一方の意見だけではなく、必ず他者の反対側の意見も聞くことによって、正しいところに近づける、という発想があります。世の中にはいろいろな考え方があり、いろいろな価値がある、ということでもあります。これしかない、という原理主義的な考え方が非常に怖いと思います。もしかすると、経済学者のほうが、学問の特徴として、前提を作って、そこから論理的に一直線に結論を出せるものなので、その前提のなかでは、何が正答かということが明確になるのかもしれません。

法学の解釈論では、その前提に相当するのが、法律の条文になるのですが、その条文自体は解釈の余地があることになるので、そうなると制約となるはずの前提の範囲がどんどん広がっていきます。前に話した解雇の話でいうと、自由か保護かというような抽象的なところにまで広がる議論となるのです。そうすると、その前提は漠然としたものとなるので、そこからその法律を事実にあてはめて論理的に一直線に結論を出すことなどできるはずがないのです。裁判では、そのなかで、原告と被告の言い分を聞きながら、とりあえず暫定的にこれが正しいと決めて、あたかも条文から論理的に一直線に結論が出てきたような形式をとりますが、これは経済学の議論とは違って、論理の形式だけである、ということは了解済みであり、だから、回数制限があるとはいえ、不服申立ての手続き、すなわち控訴や上告といったものが用意されているのです。

E 今のお二人のお話を聞いていて思ったことが二つあります。簡単に言いますと、エッセンスを押さえておいてほしいということに関しては、そのような意味では、本学はやはり教養教育があるので、そこできちんと押さえていくというので、連携をうまくカリキュラムに組み込めるとよいのかなと思います。それが一つです。それと、内田先生がおっしゃったことに関しては、今先生がされているV.Schoolサロンのディスカッションなどに、学生さんがどれだけ参加されているかは分かりませんが、学生さんが同じテーマで討論してみるなどすると面白いかと個人的には思いました。

内田 ありがとうございます。今日のような議論は学生にはレベルが高過ぎるかもしれませんね。

E もう少し難易度を落としてもよいかもしれません。

内田 時間を超えていますが、チャットにコメントが来ているのでもう一つだけすみません。Zさん、もしお話しできるようでしたら直接発言していただければと思います。難しければこちらで話しますがいかがでしょうか。

難しそうなのでわれわれで見て判断しましょう。今の学生は、答えがある問題を解くのは上手だが、本質を考えない、というコメントです。

大内　そのとおりだと思います。世の中の問題のほとんどは答えがないというか、自分で考えていかざるを得ないものですので、当然のことだと思います。おっしゃっていることは分かります。

内田　先ほど私が紹介した日本化も、これに関係する話だと思います。なぜそのようなことをするのか、という理屈なしに、表面的なところだけでとどめてしまう、という意味で。

大内　やや大胆なことを言うかもしれませんが、大学自身が考えようとしていないところに日頃から大いに不満があります。例えば、大学で教員がやっていることで、なぜやらないといけないのかと首をかしげたくなるものはありますよね。

内田　山ほどあります。

大内　具体例は言いませんけれども、われわれ自身が考えることを放棄しなければできないような仕事は結構あります。これでは駄目です。これでは学生に考えろとは言えなくなります。実は本当は、いわば雑務のようなものから解き放たれて、もっと大切なことを考えたいのです。

例えば、なぜ基本的人権は尊重しなければならないのか。人権は守らなければいけない。人権を尊重しなくてよいと言ったら、あなたは何という人だといって袋叩きになりそうですけれども、しかし、人権というのは一体何なのでしょうか。憲法で、基本的人権を保障していますが、それが人権として尊重されるようになったのはフランス革命以降です。実は、人権は西洋的な価値観に基づいて、歴史的な影響を受けて出てきた一つの考え方に過ぎないかもしれません。でも、その内容には歴史を超える普遍性があって、今でも支持する価値があるという見方もできますが、世界の中でどれだけ基本的人権が守られている国があるかといえば、実はそれほど多くはありません。これが現実です。これを見た時に、なぜ基本的人権は尊重しなければならないのかということを、人権を抑圧している国の為政者に対して説得できるでしょうか。

人権のような、誰もが疑わない価値であっても、議論の余地はあるのです。だから考えなければならないのです。大学の法学の授業でも、基本的人権は疑わず、取りあえずそれを尊重するところから話を始めると思いますが、本当に大学でやるべきこととは、それを疑って考えることだと思います。

人権ですらそうなので、もう考える材料というのは無限にあり、いろいろなものを読んで自分で考えて勉強せざるを得ない、ということです。本当に優秀な人材は、そういうことを考えることができる人材です。社会が今後どんどん変わっていく中で、課題を見つけ出して、その解決を考えていくための訓練をする場に大学がなればよいな、と個人的には思っています。そのためには、教える側の大学教員の環境も変えなければなりません。常に新しい自由な発想で物事を考えられるようになればよいし、神戸大学もそうなればよいと思っています。

内田　V.Schoolにいる先生方は、皆さんそのようなことを考えています。

大内　V.Schoolは、そういう意味では非常に貴重な場です。

内田　ということを分かっていただくと、もっといろいろな先生が来てくれるかなと思っていますが、なかなかそこが広がらないので、もしそのような機会があったらどんどん宣伝していただければありがたいと思います。

大内　ただ、このような教育をし過ぎると、企業にとって使いにくい学生にならないかという問題はあります。これまでは、学生の就職という現実の問題があって、あまりとんがった教育はしにくかったという事情はありました。これは企業側にかなり責任があると思っていますが、最近では、企業のほうでも、だんだん変わってきていると思います。与えられた課題を短時間でこなすことが優秀、というのがこれまでの評価基準だったと思いますが、そのような人材では、新たな課題を発見していくことが重要となるこれからの時代では、企業にとってみても良い人材とは言えなくなるでしょう。こういう認識が広がると、それに対応するような人材を大学でも育てていかなければなりません。それはまさにV.Schoolに期待されていることだと思っています。

内田　ありがとうございます。時間がオーバーしていますが、他にもし何かあればどうぞ。

D　E先生がおっしゃっていたことで私が何となく思ったことですが、例えば内田先生のゼミ生が書いた卒業論文について、法学部の先生や学生さんが意見を述べるというのはどうでしょうか。卒業論文は1年ぐらい比較的時間をかけて、いろいろなデータを自分できちんと説明できるので、一番深められる時に、分野の違う法学部の先生から、実は経済学のこのような問題は法学から見るとこのように見えますとなれば少し理解が深まるように感じました。

C　先ほどのチャットのZさんのコメントで非常に大事なのは、やはり答えから考えるというところです。今の学生は必ず答えから考えるので、卒論の研究でも、何も研究もしていないのに結論はこうですという考えを出しているので、答えのない状況でどのように思考するのか、という教育が非常に大事で、それが非常に欠落しています。それと会社が悪いというのは、これは全くそのとおりで、人事部が一番問題です。

大内　法学部と経済学部とは、法経連携専門教育プログラムで授業を開講しており、それに近いことをしています。

内田　よろしいでしょうか。一言あればどうぞ。

F　初めてこのV.Schoolサロンに参加させていただきました。お世話になります。公共政策とはいえ、法学と経済のアプローチの仕方が非常に異なるというのを私は本日、初めてお話を聞きました。やはりそこに対象になってくる人間の捉え方というのを、経済学のほうですと、個人を、切り離した個人として捉える、という視点があると思います。その個人をどう捉えるのか、他者と分離できない個人という考え方をする哲学者、思想家もいます。このV.Schoolのサロンでそのような考え方を紹介していただくような人を入れてさらに議論すると、公共政策ということを考えていく上でアプローチが深まるのではないかと本日は話を聞いていて思いました。貴重な機会をありがとうございました。

内田　次回はそのようなサロンにしてみたいと思います。ありがとうございます。他にいかがでしょうか。大丈夫ですか。ぜひどうぞ。

G　全くの素人の感想です。そこにあるスライド（解釈論と立法論のスライド）を見ていて、私がいつも思っていることでもありますが、どのように立法を勉強できるのかについて興味があります。今まで立法というと、限られた人が行っていたと思いますが、やはり公共性でいろいろな人が担うようになると、自分が法を作るかどうかは別として、ある程度知っておかなければならない今後の知識なのかと思いました。

大内　法学者がしている立法論というのは立法の実践ではなく、どのような立法があり得るかというアイデアを提示することです。しかし本当に重要なのは、実際にどのように立法していくのか、です。学問分野でいえば、政治過程論や行政学の話になります。

先ほど、立法過程における審議会の話が出てきましたが、役所では審議会を開く前にまず、どのような政策課題があるかを調査します。あるいは、有力な研究者の方に、勉強会や研究会を立ち上げてもらって、どのような政策のニーズがあるかを調べます。その中から、具体的な立法過程が進んでいきます。それ自身が実は非常に政治的な要素が絡んでくることもありますし、そのプロセス自体が研究の対象になります。

法学における立法論の研究は、アイデアの提示だけにとどまるのであり、その段階でも法学以外の分野の研究者とのコラボレーションが必要ですし、アイデアを実際に立法につなげるためには、多くのアクターが関わることになります。今のご質問は、立法に携われる人材をどうやったらつくれるかということでしたね。

内田 多分、実務教育のようなところも入ってきます。経営学も学問として理屈で経営を勉強するけれども、実際に経営しろと言われたらできるものではなく、やはりそれは現場でやっていくものです。しかし、経営学はその結果を抽出して理論化して学ぶものでもあります。そのようなところに近いと思います。

大内 例えば2023年に、日本で初めてフリーランスのための法律ができました。世界でも例のないものです。この制定過程では、当初は、フリーランス問題は票にならないからといって、あまり国会議員は関心を持っていませんでした。そのような時に、議員をどのように動かすかが実は決定的に重要で、議員連盟などを作ってもらって、そこに働きかけをしていくわけです。議員が動くと役人も動きます。特定の名前は出しませんが、非常に活躍された民間の方がいて、フリーランスの人たちの意見をうまく集約して、それを役所や政治家に伝えていったことが立法につながりました。成功の要因は、政治プロセスをよく分かって、そのツボとなるところをうまくつついていくことができたことや、いろんな分野の専門家とのネットワークを構築して理論武装もきちんとできていたこと、さらにもちろんフリーランスの実態調査などもしっかりやって、その意見を広く代表することができていたことなどがありましたが、でも最も重要なのは、多くの人を動かせるだけの人間力のようなものだと思いました。これは学問なのかどうか分かりません。しかし、フリーランス法は、このような人がいなければ、おそらく立法されていなかったのです。ということで、こういう人材をどうやったら育てていけるか、私は今答えを出せませんけれども、皆さんで考えてくだされればと思います。

内田　多分教えにくいものではあるということですね。それで答えになりましたか。ありがとうございます。何かありますか。感想でも結構です。

H　学部生です。話が少し難しかったです。内田先生が銀商分離規制に関わられ、経済学的な視点で書かれたのが内田先生お一人で、あと全員法学関係ですが、やはり議論が大事で、その議論の方法もいろいろあると思いますし、議論したところで、経済学の方が核心をついたとしても、それが採用されるかというところもあると思い、少し難しいと思いました。ありがとうございます。

内田 ありがとうございます。議論は実は十分できておらず、それぞれが論文を書いて終わったようなところもあります。そこは少し残念です。

大内 今見たら、経済学のことをよく分かっている方たちがたくさん集まっていますね。

内田 本当にそうです。ですから、各国の法律についても、その背景の理屈のところもきちんと言っていただけました。法学の先生、特に商法系の先生は、経済学者以上に経済学を知っている人が多いです。逆に経済学ばかりになって少し危険なところもあるという気もします。Ｉさんは何か感想はありますか。

Ｉ 法を新しく作ったことによる経済的な効果について、開発経済学の講義で少し習ったことがあります。税規制の話だったと思います。ＤＩＤ（差の差（Difference-in-differences））や回帰不連続デザインといった、因果推論の手法を使って統計分析を行っていたと思いますが、経済学的に法の影響を可視化するというのは、何となく理解ができました。逆に、公平性や労働など、単に一方向に追求すればよいだけではないものに対して、経済学が成し遂げられる部分は難しいと思いました。平等性や公平性を経済学で議論し、それを計量的に解き明かしていくのはなかなか想像がつかないところです。

内田 難しいですね。経済学が一番得意ではないところですので、それはそれで、公共政策を考える上で、E先生の質問にもありますけれども、別の形でどこかで取り入れなければならない、知っておかなければならない話ではあるので、経済学や法学以外で必要になるものの一つだと思います。

ありがとうございます。他によろしいですか。

J 数学で、放置していたら効率化して、最終的には収まりが良くなるといったことは証明されていますか。そういうわけではありませんか。数学で、放置していたら効率化していくけれども、という話がありました。

内田 そうですね、厚生経済学の基本定理、あれは数学的に証明した有名な論文があります。

J 生き物などがけがをすると、当然ながら、放置しておくと擦り傷などのけがが治ります。時間をかければうまくいくのに、逆に資源を投入して介入することで駄目になることはある気がします。ある意味、待つということを決定するような経済学や法学的な考え方はありますか。

内田 経済学ではあります。リアルオプションといって、いつやるかというタイミングを決めるというのがあります。後回しにしたほうが実はよいということを考えたりもします。

J 昨今の大学は随分焦って、いろいろなところに介入していると思ったので、待つことを理論的に「待て」と誰かが言ってほしいと思った次第です。ありがとうございます。

内田 今のは政府の失敗のお話かもしれません。

大内 待つというのは何もしないということですよね。そうすると、政治的には何もしていないということで、不作為というのが政治家的には非常に困るのではないでしょうか。アピールすることができない。役所もそうでしょう。

J 結局アピールするために介入しているということですよね。それは本末転倒というか、目的がおかしくなっていると思います。

大内 まさにそのとおりだと思います。ですから、余計なことをするなということです。

J それを理論的にきちんと言って、「待て」というのを教える。

大内 それは介入により資源配分をゆがめてしまうというようなことで、例えば労働の分野でいくと、同一労働同一賃金というのがあります。働き方改革により、その実現のための法改正を行いましたが、私は、あれは余計なことだと思っています。あれによって、本当に非正規の人たちの労働条件が改善したのかは、何とも言えません。あれは、市場メカニズムに任せていてもよい話だったのではないか、契約の自由に任せていてもよいのではないかと思いました。この議論をすると大変長い話になるのでしませんが、やはり労働法の中では、何かやらなければ成果になりませんが、やることによってかえってゆがめてしまうこともあるではないかということです。

C　コロナの時に、経済学者が過剰な規制を批判したことがありました。覚えていますか。あれはまさにそうです。ですから、やろうと思えばできます。しかし大変な抵抗があり、少数意見に確かなったはずです。

J　難しいです。誰か「待て」と言ってほしいと思います。すみません。ありがとうございます。

大内　政府に対する楽観的な、お上のすることに対する国民の信じる度合いの強さというのがあるような気がします。

内田　これも日本化の話である気がします。本質を考えていない、そういう教育ができていないというところです。

Ｊ　そこまで日本人は悪いことはないと思います。海外でも表面的なところはありますので、日本人がというのも何かむなしく感じます。

内田　そうかもしれません。

大内　日本の官僚は優秀だったのは間違いないです。ですから、官僚がきちんとやってくれたらよいだろうという信頼はあると思いますが、やはり事柄によっては苦手なこともあり、政府の失敗というのはあるのではということです。とくにデジタル化の進展は、前述のように、優秀さの定義も変えていくのであり、新しい課題領域において、官僚がどこまで力を発揮できるかについては、何とも言えない気がします。

内田　ありがとうございます。

内田浩史（うちだ・ひろぶみ）

神戸大学大学院経営学研究科教授・V. School価値創発部門副部門長、博士（経済学）。専門は金融。著書に『金融（新版）』（有斐閣、2024年）、『現代日本の金融システム』（慶應義塾大学出版会、2024年）等。2018年度全国銀行学術研究振興財団賞。フルブライト研究員（2003年、インディアナ大学）、安部フェロー（2016年度、スタンフォード大学）、国内外の学術誌の編集委員等を務める。経済学の科学的アプローチとデザイン思考という両極端の視点から価値について考えている。

大内伸哉（おおうち・しんや）

神戸大学大学院法学研究科教授、博士（法学）。専門は労働法。著書（単著）に、『AI時代の働き方と法』『人事労働法』『最新重要判例200労働法（第8版）』『雇用社会の25の疑問』（以上、弘文堂）、『労働法実務講義（第4版）』『デジタル変革後の「労働」と「法」』（以上、日本法令）、『解雇改革』『労働時間制度改革』『非正社員改革』（以上、中央経済社）等。近年は、デジタル変革にともなう労働政策面での課題を主たる研究対象としている。

VS Booklet 3

公共政策《こうきょうせいさく》における法学《ほうがく》と経済学《けいざいがく》の役割《やくわり》

2025年3月10日　第1刷発行

著者　内田浩史　大内伸哉
発行　神戸大学出版会
〒657-8501　神戸市灘区六甲台町2-1
神戸大学附属図書館社会科学系図書館内
TEL. 078-803-7315　FAX. 078-803-7320
URL　https://www.org.kobe-u.ac.jp/kupress/

発売　神戸新聞総合出版センター
〒650-0044　神戸市中央区東川崎町1-5-7
TEL. 078-362-7140　FAX. 078-361-7552
URL　https://kobe-yomitai.jp/

企画・編集　神戸大学バリュースクール
装幀・組版　近藤聡・古寺美由希（明後日デザイン制作所）
印刷　神戸新聞総合印刷

落丁・乱丁本はお取り替えいたします。

ISBN978-4-909364-35-7 C3031